Trois visages...

La baguette magique et les philosophes

Epicure et Sénèque au théâtre

Du même auteur*

Certaines œuvres sont connues sous différents titres.

Romans

Le Roman de la Révolution Numérique
La Faute à Souchon : (Le roman du show-biz et de la sagesse)
Quand les familles sans toit sont entrées dans les maisons fermées
Liberté j'ignorais tant de Toi (Libertés d'avant l'an 2000)
Viré, viré, viré, même viré du Rmi !
Ils ne sont pas intervenus (Peut-être un roman autobiographique)

Théâtre

Neuf femmes et la star
Les secrets de maître Pierre, notaire de campagne
Ça magouille aux assurances
Chanteur, écrivain : même cirque
Deux sœurs et un contrôle fiscal
Amour, sud et chansons
Pourquoi est-il venu :
Aventures d'écrivains régionaux
Avant les élections présidentielles
Scènes de campagne, scènes du Quercy
Blaise Pascal serait webmaster
Trois femmes et un Amour
J'avais 25 ans
 « Révélations » sur « les apparitions d'Astaffort » Brel Cabrel

Théâtre pour troupes d'enfants

La fille aux 200 doudous
Les filles en profitent
Révélations sur la disparition du père Noël
Le lion l'autruche et le renard,
Mertilou prépare l'été
Nous n'irons plus au restaurant

* extrait du catalogue, voir page 89

Stéphane Ternoise

La baguette magique et les philosophes

Epicure et Sénèque au théâtre

Sortie numérique : 10 mai 2011

**Edition revue et actualisée en avril 2014.
Disponible en numérique et en papier.**

Jean-Luc PETIT Editeur - collection Théâtre

Stéphane Ternoise versant dramaturge :

http://www.dramaturge.fr

Tout simplement et logiquement !

Tous droits de traduction, de reproduction, d'utilisation, d'interprétation et d'adaptation réservés pour tous pays, pour toutes planètes, pour tous univers.

Site officiel : http://www.ecrivain.pro

© Jean-Luc PETIT - BP 17 - 46800 Montcuq – France

La baguette magique et les philosophes

Avant de quitter la terre, sa grand-mère lui a offert une baguette magique, en lui spécifiant qu'elle ne devait pas l'utiliser avant ses vingt ans. Romane ignore presque tout de ses pouvoirs, simplement qu'ils peuvent faire apparaître des morts décédés avant sa naissance, qui prendront place dans le corps de la cible, « en grande douceur, sans souffrance ni réel souvenir. » Pour la première fois, elle va l'utiliser, un matin de spleen, et remplacer son partenaire par Epicure, le philosophe.
Ensuite, sa sœur ou son frère (deux versions de cette pièce) sera transformé(e) en Sénèque.

Distributions :

- Deux femmes et trois hommes
Un seul acteur peut réussir la performance de tenir les trois rôles masculins. Cette version est ainsi interprétable par des troupes de deux femmes - un à trois hommes.

- Une femme et quatre hommes (Karine, la sœur, est devenue Kevin, le frère).
Un seul acteur peut réussir la performance de tenir les quatre rôles masculins. Cette version est ainsi interprétable par des troupes de une femme - un à trois hommes.

La baguette magique et les philosophes

Théâtre magique historique et philosophique en trois actes.

Version 1 : deux femmes et trois hommes.

Histoire :

Avant de quitter la terre, sa grand-mère lui a offert une baguette magique, en lui spécifiant qu'elle ne devait pas l'utiliser avant ses vingt ans. Romane ignore presque tout de ses pouvoirs, simplement qu'ils peuvent faire apparaître des morts décédés avant sa naissance. Pour la première fois, elle va l'utiliser un matin de spleen et remplacer son partenaire par Epicure, le philosophe.

Cinq personnages :

Romane : personnage central, vingt ans, sûrement étudiante, très jeune femme contemporaine coquette, versée dans la philosophie mais très libérée.
Karine : sa sœur, seize ans.
Lui : la rencontre du soir précédent de Romane, la vingtaine, très distingué. Beau et con à la foi aurait conclu Jacques Brel !
Epicure : l'apparition, très âgé.
Sénèque : l'apparition, la cinquantaine très bien portante, grand seigneur romain.

Un seul acteur peut réussir la performance de tenir les trois rôles masculins.
La pièce est donc destinée aux troupes de deux femmes et un à trois hommes.

Durée :

Environ une heure.

L'acte 1 peut être joué seul. Sous le titre : *Moins d'une heure avec Epicure*.
Cet acte unique se joue alors avec trois personnages, deux hommes et une femme (un homme et une femme peuvent donc l'interpréter), il dure une quinzaine de minutes et permet une approche originale de l'œuvre d'Epicure.

Acte 1

Scène 1

Le jeune couple, très récemment formé, termine un petit-déjeuner câlins dans ce qui semble être l'appartement coquet mais meublé sans grand moyen de la jeune femme.

Romane : - Tu me gênes... Parfois mes ignorances me sautent aux yeux. Je n'ai presque rien lu.
Lui : - La lecture, pfou ! La vie ne s'apprend pas dans les livres. Faut être cool ! Faut en profiter ! Rassure-toi, tu es canon, tu es une princesse, tu dois être aimée comme une princesse. Reste comme tu es !
Romane : - Une princesse ! Une Lady Di... minuée ! Parfois je me trouve tellement laide.
Lui : - Oh ! Tu déconnes !
Romane : - Je me demande comment un mec peut me supporter une heure !
Lui : - Oh ! Tu déconnes !
Romane : - Non, je ne dis pas à faire l'amour, chacun a des besoins... mais après... en plus ici sans télé...
Lui : - Oh ! Tu déconnes ! C'est vrai que pour déjeuner, si y'avait une télé, ce serait sympa.
Romane : - Si tu avais une baguette magique... tu me transformerais en qui ?
Lui : - Tu déconnes !
Romane, *le regardant, éplorée, fatiguée de ses réponses* : - Comme tu le répètes, nous le sommes sûrement.

Lui : - Tu dis ?
Romane : - Des... connes.
Lui, *joyeux* : - Ah, tu t'y mets enfin, tu déconnes... T'es un peu trop sérieuse parfois, tu trouves pas ?
Romane : - Bon, revenons à l'essentiel !
Lui : - Tu veux refaire l'amour, là, tout de suite, sur la table ?
Romane : - Tu me transformerais en quoi, si tu le pouvais ? Je ne pense pas forcément en une femme... mais quelqu'un avec qui tu as toujours rêvé de passer une heure.
Lui : - Euh... toi ! Toi, c'est très bien ! Sur la table, ce serait cool !
Romane : - Quelqu'un d'exceptionnel !
Lui : - Toi, tu es exceptionnelle, tu sais.
Romane : - Quelqu'un que tu n'as jamais vu en vrai.
Lui : - Zidane. Ouais Zinédine Zidane. J'aimerais qu'il me raconte sa finale mais aussi ses années en Italie, son transfert à Madrid, la pression, et ce qu'il devient maintenant. J'ai essayé le foot. J'ai même passé un stage au centre de formation. Alors, forcément, Zidane, ce serait le top.
Romane : - Tu crois qu'un footballeur peut raconter quelque chose ?
Lui : - A part Zidane, je ne vois pas, c'est quand même le plus grand sportif qu'on ait connu. Et toi ?

Elle se lève, va chercher une baguette accrochée au mur, la regarde.

Romane : - Ma grand-mère était un peu sorcière et elle m'a offert sa baguette magique. (*avec un sourire sardonique :)* Il serait temps que je l'utilise ! Puisque j'ai 20 ans ! Elle a le pouvoir de faire apparaître nos chers disparus à la place des vivants visés. (*Elle commence à le viser... il se lève et fait un écart*) Ne bouge pas, je t'ai raté.
Lui : - Déconne pas.
Romane : - Ça ne pouvait pas fonctionner, il me faut prononcer le nom du disparu que je souhaite accueillir.
Lui : - Déconne pas. J'ai vu un film où le mec était vraiment transformé. La sorcière le transformait en lapin et le déposait au bord d'une route un dimanche matin, et après le mec, qui était président de la société de chasse, se faisait flinguer par son meilleur copain. Et alors la sorcière regardait le tableau du haut de la colline et retransformait le lapin en mec qui restait mort... alors déconne pas avec ça...
Romane : - J'ai l'air d'une sorcière ?
Lui, *on sent une légère peur dans ses yeux* : - Non mais t'avais un drôle de regard quand t'as levé ta baguette... y'a des choses dont il ne faut pas rire dans la vie.
Romane : - T'es sûr ?
Lui : - Bin oui.
Romane : - De quoi donc, ne faut-il pas rire ?
Lui : - Heu... La mort, les fantômes...
Romane : - C'est tout ?
Lui : - Le sida.

Romane : - Rien d'autre ?
Lui : - Heu... Le loto, le RC Lens, Zidane, Francis Cabrel, Grégoire, Olivia Ruiz...
Romane : - Et l'amour, on peut en rire ?
Lui : - Non, l'amour c'est sérieux, faut pas en rire.
Romane : - Alors pourquoi tu m'as draguée hier soir ?
Lui : - Quand je t'ai vue, j'ai été ébloui, tu es tellement belle, craquante, tu sais... mais pose cette baguette... on ne rit pas des baguettes non plus.
Romane : - On peut rire de tout mais pas avec n'importe qui, avait déjà remarqué Pierre Desproges.
Lui : - Je connais pas.
Romane : - Et les philosophes, tu les connais ?
Lui : - Euh... Mon père dit tout le temps que je suis épicurien, il veut dire que j'aime me faire plaisir. Tu connais Epicure ? Tu vois, la philosophie c'est pas forcément chiant, c'est pas comme ceux dont on nous bourrait le crâne au lycée.
Romane : - Tu es allé au lycée, toi ?
Lui : - Pourquoi, ça ne se voit pas ?
Romane : - Bon, revenons aux choses sérieuses, en qui vais-je te transformer ?
Lui : - Arrête. Tu vas me donner mal à la tête.
Romane : - Non, ça c'est la bière.
Lui : - Si on allait plutôt refaire l'amour. J'aime faire l'amour avec toi, tu sais, je suis un épicurien.

Romane : - Epicurien toi ? On a dit que j'allais te transformer.
Lui : - Arrête... *(il sourit et s'avance)* ou je te confisque ta baguette.
Romane : - Tu n'en auras pas le temps.

Il se précipite mais elle tend sa baguette magique vers lui...

Romane : - Epicure !

Il s'écroule derrière le canapé.

Scène 2

Romane et l'apparition d'Epicure.

Romane : - Levez-vous cher maître (*il apparaît derrière le canapé, il est un vieil homme, se relève difficilement, repousse sa main quand elle l'approche*)
Epicure : - Chère demoiselle.
Romane : - Il est vrai que je n'avais rien précisé... J'aurais peut-être préféré vous recevoir dans la force de l'âge.
Epicure : - Mademoiselle m'a demandé, je suis venu sans me changer... L'âge... vous vivez une époque absurde où les filles de votre âge, belles, intelligentes, perdent leur temps avec de petits jeunes freluquets pas formés et stupides, certes mignons et désirables. (*il sourit en se tournant vers le canapé*)
Romane : - Je ne m'attendais pas à pareille entrée en matière.
Epicure : - Vous étiez bien en train... de vous ennuyer...
Romane : - Certes. Je ne peux le nier.
Epicure : - Et ce n'est pas un reproche, toute femme digne de ce nom, s'ennuierait avec un tel marmouset, juste bon au plaisir de vieux dépravés... à notre époque... Même si certaines évolutions sont positives, il reste logique qu'une femme intelligente de 20 ans ne puisse trouver de véritable plaisir avec un gamin de son âge.
Romane : - Niveau plaisir, quand même, je ne me plains pas...

Epicure : - Vos moralistes prétendraient mes propos incorrects, pourtant il en est ainsi, l'homme se développe beaucoup plus lentement que la femme et il a besoin de beaucoup philosopher pour trouver sa paix intérieure... le véritable plaisir n'a pas d'âge mais des affinités. Vous en êtes encore à l'éblouissement de la jeunesse et mon apparence vous semble malheureusement rédhibitoire au plaisir physique.

Romane : - Je sais votre temps compté... ne m'en voulez pas si je préfère vous écouter, retenir vos leçons.

Epicure : - Ecoutez-moi plutôt dans le peu de mes écrits qui vous sont parvenus. Quel gâchis ! Je viens de voir cela en traversant les siècles. Quel cauchemar ! Autant écrire et finalement ne laisser aux générations suivantes que trois lettres et quelques aphorismes.

Romane : - Maître... résumez-moi tout ce qui fut perdu !

Epicure : - Ah brave demoiselle, parler, converser, est l'un de mes grands plaisirs... mais en vous voyant d'autres plaisirs me traversent l'esprit.

Romane : - Je vous rappellerai... il me faut quand même un peu de temps pour assimiler votre remarque sur la nécessaire différence d'âge entre la femme de 20 ans disposée au plaisir et l'homme pouvant la combler...

Epicure : - Vous avez tout compris en quelques secondes.

Romane : - Mais vous avez quand même 2400 ans.

Epicure : - Ne me vieillissez pas ! Et les plus difficiles furent les cents premiers, quelques décennies sur terre, quelques décennies à regarder en arrière en regrettant le temps perdu en futilités, ensuite ce n'est qu'une question de patience. On s'y fait ! Comme vous le voyez je reste dans la force de l'âge !

Romane : - Vous voulez bien me résumer vos œuvres perdues.

Epicure : - Mais c'est impossible, des dizaines de traités ne se résument pas en quelques phrases. Il faut saisir la subtilité des choses. Il faudrait aussi supprimer de la pensée collective cette notion péjorative contenue dans épicurien...

Romane : - Oh maître... A part les... comme lui (*en souriant et se tournant vers le canapé*) nous savons qu'Epicure n'était pas épicurien.

Epicure : - Comme j'ai souffert durant le voyage en constatant qu'ils avaient gagné, mes pourfendeurs.

Romane : - Non, maître...

Epicure : - Ne cherchez pas à me rassurer, votre... copain, n'est pas le seul dans ce cas, je sais qu'on m'a dénigré et le poison est dans le nom. Ah, quelle mauvaise foi, d'avoir assimilé les plaisirs des gens dissolus et le vrai plaisir de la vie vertueuse. Ah pourquoi !

Romane : - C'est le même mot !

Epicure : - Mais ce n'est pas une raison. Les mots ont le sens qu'on leur donne, ce fut fait pour nuire à mon audience, pour déformer ma pensée. La vérité a toujours dérangé. Déjà dans ma lettre à Ménécée je devais me défendre : "*lorsque nous disons que le plaisir est la fin, nous ne parlons pas des plaisirs des gens dissolus ni des plaisirs de jouissances, mais de l'absence de douleur en son corps, de l'absence de trouble en son âme.*" Pourtant, aujourd'hui encore, hier pour vous, l'ensemble de mes écrits étaient disponibles. Ah la calomnie !

Romane : - Maître, nous sommes donc immortels !

Epicure : - Vous seriez dans l'erreur si vous en déduisiez cela de mon apparition, si vous en arriviez à nier l'être mortel.

Romane : - Mais alors ?

Epicure : - Je n'en sais pas plus ! Donc je sais l'essentiel : vivez en immortelle, comme sur une mer apaisée après la tempête, transcendez votre vie, philosophez, trouvez l'équilibre, la sérénité, la plénitude, la paix intérieure.

Romane : - Mais vous êtes là !

Epicure : - L'être ne peut cesser d'être. Mais l'être n'est pas ce que vous croyez.

Romane : - Le monde a changé, nous pouvons comprendre ce qui semblait incompréhensible.

Epicure : - Un peu de connaissances n'y change pas grand chose. Les motifs d'angoisse sont restés les mêmes, la peur de la mort, du malheur, de la souffrance, des Dieux.

Romane : - Laquelle de vos doctrines une fille comme moi devrait connaître par cœur ?

Epicure : - Ah ! Si j'avais de l'encre, pour vous j'en écrirais des pages, je réécrirais d'abord tout ce qui fut sauvagement et mesquinement détruit... et vous vous apercevriez que certains de mes traités n'ont pas vraiment disparus, ils furent transformés et les plagiaires ont brûlé les originaux.

Romane : - Oh !

Epicure : - Maudits usurpateurs ! Et je reverrais sûrement quelques doctrines... en vous regardant je doute d'une maxime pourtant encore hier soir jugée très pertinente.

Romane : - Oh, dites, maître.

Epicure : - Quand on se suffit à soi-même, on arrive à posséder le bien inestimable qu'est la liberté.

Romane : - Ah la liberté ! Vivre libre est mon ambition.

Epicure : - Nous les philosophes avons échoué : la croyance aux mythes a triomphé. Nous nous sommes chamaillés entre chapelles alors que nous étions d'accord sur l'Essentiel, et nous avons laissé les partisans des mythes intoxiquer les cerveaux. Ils ont modifié leurs sophismes pour les rendre encore plus efficaces. Au point que même ceux qui n'y croient pas sont intoxiqués et ne comprennent pas que seule la philosophie est la voie pour atteindre la vie bienheureuse.

Romane : - Comme c'est beau !

Epicure : - Je n'ai eu d'autre but que d'éradiquer le trouble de l'âme.
Romane : - Tout n'est pas perdu. Les philosophes existent encore !
Epicure : - Il ne faut pas faire le philosophe mais philosopher réellement, car nous n'avons pas besoin d'une apparence de santé mais de la santé véritable.
Romane : - Philosopher, oui... mais j'ai si souvent l'impression de perdre mon temps. Sauf maintenant ! Et quand je vois comment vivent mes parents, c'est affreux.
Epicure : - Tout embrigadement est un danger. Il faut se dégager soi-même de la prison des affaires quotidiennes et publiques.
Romane : - Que se passe-t-il ?... Pourquoi semblez-vous soudain flou ?
Epicure : - Le soleil se lève, je retourne dans la réalité qui n'existe pas.
Romane : - Dites-moi en plus. La mort fait toujours peur.
Epicure : - Accoutume-toi à penser que la mort n'a aucun rapport avec toi, car tout bien et tout mal résident dans la sensation ; or la mort c'est la disparition des sensations. Tant que tu es toi, la mort n'est pas là, et quand elle sera là, tu ne seras plus. La mort n'a rien à voir avec les vivants. La mort n'a rien à voir avec toi, charmante demoiselle, soleil de mon millénaire.
Romane : - Et pourtant ! Vous devez savoir des choses que les vivants ignorent.
Epicure : - Je ne veux pas vous offenser. Mais

il est des choses que les humains ne peuvent pas comprendre. Rejetez les mythes et vous aurez une chance de saisir l'essentiel. Un des petits jeunes observés durant ce grand voyage, a écrit "*l'essentiel est invisible aux yeux.*"
Romane : - St Exupéry.
Epicure : - Je ne doute pas que désormais, même après quelques bières, vous ne succomberez plus au premier désir venu, au doux visage de prétentieux insipides.
Romane : - Ah le désir ! Le désir est partout. Même en politique, y'a le désir d'avenir !
Epicure : - A propos de chaque désir, il faut se poser cette question : quel avantage résultera-t-il si je ne le satisfais pas ?
Romane *répète* : - A propos de chaque désir, il faut se poser cette question : quel avantage résultera-t-il si je ne le satisfais pas ? Comme c'est juste.
Epicure : - D'un jeune auteur nommé Epicure ! Je suis plus jeune que vous l'avez d'abord cru.
Romane : - Mais si je n'avais pas suivi mon désir, si je n'avais pas passé la nuit avec ce zigoto (*regardant vers le canapé et souriant*), je me serais réveillée de mauvaise humeur. Il faut vivre sans désir, alors ?
Epicure : - Parmi les désirs, les uns sont naturels et nécessaires, boire et manger par exemple, les autres naturels et non nécessaires, d'autres ne sont ni naturels ni nécessaires mais proviennent d'un

raisonnement perverti par la force du conditionnement.
Romane : - Mes pensées vont vers des êtres de qualité et pourtant mes désirs naturels me jettent dans des bras...
Epicure : - Il vous suffit peut-être simplement de remplacer la bière par la philosophie.
Romane : - Alors, comment vivre ?
Epicure : - La tranquillité, la vie à l'écart de la foule, rien n'a fondamentalement changé en quelques années.
Romane : - Maître, pourrai-je vous rappeler quand j'aurai assimilé tout ce qui vient de se passer ?
Epicure : - Vous savez bien que les greens tickets de votre baguette magique ne sont pas renouvelables.
Romane : - Que vais-je devenir ? Je n'aurais peut-être jamais dû essayer cette baguette magique.
Epicure : - Vous allez aimer, aimer la vie, et peut-être même un jour rencontrer un être sur le même chemin que vous, un être de connaissance, de questionnement.
Romane : - Mais il n'en existe pas sur cette terre. Au moins dans cette ville. Vous êtes certain que je ne peux pas vous garder ?

Epicure hausse les épaules.
Elle s'approche, fait pour le toucher, et il s'effondre derrière le canapé.

Epicure : - Bon courage...

Elle tombe sur une chaise, la tête dans les mains.

Scène 3

Romane puis Lui réapparaît.

Lui : - Qu'est-ce que je faisais allongé par terre ? Comme un ivrogne cuvant ! Hé princesse ?
Romane : - Ah ! Toi ?
Lui : - Quoi moi ? Tu jouais avec une baguette magique et ensuite j'ai l'impression d'avoir rêvé... De t'avoir entendue délirer.

Elle sourit.

Lui : - Tu m'aurais pas hypnotisé avec ta baguette ? Arrête de sourire comme ça, j'ai l'impression que tu te payes ma tête. Au fait, je ne te connais pas ! Tu ne serais pas une perverse psychotique ? Ou une voleuse (*il va à sa veste, regarde dans son portefeuille*) Arrêtes ton sourire de perverse ! J'en ai connues des chiantes, des déglinguées du ciboulot et des tarées, mais là c'est le pompon !
Romane : - Je ne te retiens pas.
Lui : - Je croyais qu'on allait refaire l'amour ! Là t'es vraiment super ! Pourquoi tu souris quand je te parle ?
Romane : - Parce que tu dois avoir rêvé.
Lui, *en s'avançant* : - T'as de la chance que je te désire.
Elle, *en souriant* : - A propos de chaque désir, il faut se poser cette question : quel avantage résultera-t-il si je ne le satisfais pas ?
Lui : - J'ai entendu un de ces trucs dans mon

cauchemar, c'est bizarre, tu racontais ce genre d'âneries, comme si tu parlais à quelqu'un que je n'entendais pas.
Romane : - Tu as donc raté l'essentiel.
Lui : - Y'a quelqu'un d'autre ici ?
Elle, *en souriant* : - Nous sommes plus nombreux que tu le crois.
Lui : - Mais tu es folle. (*elle le regarde en souriant, se demandant de plus en plus visiblement ce qu'elle a pu faire avec un mec pareil*) Tu t'es piquée. Tu es une junkie ? Comme quoi ils ont raison, faut toujours se protéger avec une nouvelle.

Il regarde sa montre.

Lui : - Je me tire d'ici avant que ça dégénère. Salut, la philosophe.
Romane : - Je vais essayer (*il la fixe sans comprendre puis sort*)

Rideau

Acte 2

Scène 1

Quelques jours plus tard. Même appartement. La baguette de nouveau au mur. Un gros livre, l'intégrale de Sénèque, sur le bureau.
Romane, seule, de dos, regarde par la fenêtre. Se retourne, semble très pensive et perturbée.

Romane : - Et maintenant ? Après Epicure, à qui le tour ? Socrate, Platon, Diogène, Sénèque, Schopenhauer, Goethe, vont défiler dans cet appartement ?
Et ensuite je deviendrai folle, je ne saurai plus discerner la réalité des apparitions ?
(*elle s'assied*)
Mémé, que dois-je faire ?
J'avais huit ans, mémé, quand tu m'as donné cette baguette magique. Huit ans ! Tu m'avais juste précisé de ne pas l'utiliser avant mon vingtième anniversaire. Et que je ne pourrai la remettre qu'à ma fille ou ma petite-fille. Je t'avais répondu oui, « *oui mémé* ». Et tu m'avais murmuré « *va* », quand maman m'avait appelée, elle ne voulait pas que je te fatigue. Et le lendemain tu étais morte, je n'ai pas eu le droit de te revoir. Est-ce que même morte tu m'en aurais appris plus ?
Mémé, à huit ans, je ne pouvais pas te poser toutes les questions qui me tournent dans la tête aujourd'hui.

Je sais bien, tu avais ajouté des mots que je n'avais pas compris mais qui sont restés gravés là « *moi, tu ne pourras pas m'appeler. De même qu'aucune personne à cinq générations de notre famille. De même qu'aucune personne ayant vécu sur terre depuis ta naissance. Tu ne pourras pas prêter ta baguette, même à ta sœur. Et il en sera toujours ainsi, tu transmettras cette loi le moment venu après avoir fait de ton mieux pour mériter l'honneur d'avoir appartenu à la confrérie.* » Pourquoi ? Je n'en sais rien ! Je te regardais avec mes grands yeux de petite fille dont la mémé lui donne un secret trop grand pour elle.

Quel humain ne perdrait pas le ciboulot quand il peut converser avec Proust, Stendhal, Balzac, comme avec la boulangère ou le facteur ? Même le général de Gaule si je veux !

Scène 2

On sonne. Elle va ouvrir sans poser de question. Elle savait donc qui devait venir. C'est sa sœur, Karine. Elles s'embrassent.

Karine : - Oh là la, ça ne va pas mieux toi, tu as l'air perturbée, frangine.
Romane : - Ça va.
Karine : - Tu es amoureuse ?
Romane : - Pfou... tu les as vus les mecs.
Karine, *en souriant* : - Souvent ici, et pas moches.
Romane : - Tu te souviens de mémé Charlotte ?
Karine : - J'avais quatre ans quand elle est morte, partie comme on doit dire, tu sais bien. Tout ce que je sais, ça vient de toi ou maman. Il ne me reste que des souvenirs visuels.

Romane va prendre au mur la baguette magique.

Romane : - Et ça c'est sa baguette magique.
Karine : - Oui, elle te l'a donnée, et j'avoue que j'en ai toujours été jalouse. Quand j'avais 7-8 ans, j'allais la prendre dans ta chambre.
Romane : - Oh !
Karine : - Et je jouais à la sorcière, je transformais mes doudous.
Romane : - En quoi ?
Karine : - En tout ce qui me passait par la tête... tu te souviens que j'étais amoureuse d'Alain Delon.
Romane, *en souriant* : - C'est de famille, maman l'est encore !

Karine : - Mais pourquoi me parles-tu de cette baguette, elle a quoi à voir avec tes soucis ?
Romane : - Tout !
Karine : - Tout ! Mémé croyait qu'elle était vraiment magique, m'a raconté maman. On avait une mémé timbrée, selon elle.
Romane : - Ne dis pas cela.
Karine : - Toi aussi, tu vas croire qu'elle est vraiment magique, ta baguette ? Qu'elle peut te créer le prince charmant sur un cheval blanc ?
Romane : - Ce que tu faisais avec tes doudous, je peux le faire avec des humains. Mais contrairement à tes doudous, les humains changent d'identité.
Karine : - T'as fumé ?
Romane : - Dimanche matin, j'étais avec un beau gosse... Il m'énervait tellement que j'ai pris la baguette, et que j'ai murmuré « Epicure », alors le beau gosse s'est effondré derrière ce canapé, il était là où tu es, tu vois, et c'est Epicure qui s'est difficilement relevé.
Karine : - T'avais fumé la veille ?
Romane : - Tu sais bien que je ne touche pas à ce poison. L'alcool déjà ça m'agite les neurones... mais c'était le matin, j'étais totalement lucide, trop même pour supporter un mec beau et con mais alors con à la fois.
Karine : - Tu m'en veux si je ne te crois pas ?
Romane *hausse les épaules, silence, puis tend sa baguette vers sa sœur :* - Sénèque !

> *Sa sœur s'effondre derrière le canapé et elle la fixe avec des yeux écarquillés.*

Scène 3

Sénèque apparaît. Environ 50 ans, habillé en grand seigneur romain, il n'a donc pas encore écrit ses Lettres à Lucilius *ni ses* Entretiens. *On peut imaginer qu'il se situe à sa période politiquement faste, quand il régentait l'empire romain du jeune Néron.*
Ils se regardent, long silence.
Elle sourit.

Romane : - Vous ne devez pas être trop dépaysé. Vous êtes sur les terres de votre empire romain.
Sénèque : - Si je me souvenais de tout ce que j'ai vu durant ce voyage et que j'ose en parler, Néron m'ordonne de me suicider dès demain.
Romane : - Alors vous savez ce qui va vous arriver.
Sénèque : - J'ai tout vu mais s'il m'en reste quelque chose au réveil, je me hâterai d'évacuer ce cauchemar.
Romane : - Alors... nous sommes dans votre sommeil ?
Sénèque : - Vous l'ignoriez ?
Romane : - Maître, je vous avoue tout, peu importe si cela me porte préjudice, il faut que vous m'aidiez.
Sénèque : - Si je le peux... je vous écoute.
Romane : - Ma grand-mère m'a offert cette baguette avant de disparaître, alors que j'avais huit ans, je l'utilise seulement pour la deuxième fois, et j'ignore tout de ce qui se passe actuellement.

Sénèque : - N'ayant pas vu... Puis-je poser une question peut-être indiscrète ?
Romane : - Je vous dirai tout ce que je sais.
Sénèque : - Qui avez-vous appelé en premier ?
Romane : - N'en prenez pas ombrage maître, il s'agissait d'Epicure.
Sénèque, *visiblement contrarié* : - Ah !
Romane : - J'étais avec un jeune de mon âge, qui me gonflait (*elle cherche avec précipitation à se justifier*), j'avais la baguette magique, je lui ai parlé de philosophie, il n'a pu me répondre qu'une chose « *mon père me dit épicurien* »... alors je n'ai pas réfléchi, j'ai prononcé Epicure.
Sénèque, *souriant, rassuré :* - Epicure n'était pas le pire des hommes que cette terre ait vu, il a même des préceptes justes, et quand ils le sont, il ne faut jamais hésiter à se les approprier ; toute belle pensée, d'où qu'elle vienne, est mon bien. Comme « *fais-toi l'esclave de la philosophie et tu posséderas la vraie liberté.* » En effet, la philosophie n'ajourne pas celui qui s'y adonne, l'affranchissement est immédiat. Qui dit servitude philosophique dit précisément liberté. Ou alors « *celui-là trouve le plus de jouissance dans la richesse, qui s'en fait le moins possible un besoin.*» (*Romane ne suit plus les préceptes comme récités à une élève de manière didactique, attendant, en le montrant de plus en plus ostensiblement, qu'il cesse son développement*) En effet, qui a

besoin de richesses craint pour elles. Et comme nous le savons, d'un bien sans quiétude, l'homme ne peut en profiter, il est préoccupé d'arrondir son capital et oublie de l'utiliser. Nous avons, avec le courant d'Epicure, des constats en commun : « *l'acquisition des richesses est moins la fin des misères que leur changement.* » En effet, ce qui nous faisait paraître la pauvreté pénible nous rend les richesses aussi pesantes, le mal n'est pas dans les choses, il est dans l'âme.

Romane : - Vous et moi, ici, comment est-ce possible ?

Sénèque : - J'ai étudié tard durant la nuit, un rouleau de notre vénérable Zénon de Kition, et je me suis sereinement endormi. Vous m'avez alors appelé, je suis venu en toute confiance. Et avec plaisir.

Romane : - Mais comment vous ai-je appelé ? Presque 2000 ans séparent votre sommeil et cette chambre.

Sénèque : - Votre baguette est magique.

Romane : - Je sais... mais comment ?

Sénèque : - Le temps n'existe pas comme nous le concevons ordinairement. Ainsi vous pouvez vous positionner, disons observer, comme si vous étiez située à des années lumière de la terre et que votre regard soit plus rapide que la lumière.

Romane : - Mais... je ne vous vois pas agir, ce qui serait déjà exceptionnel, je vous parle, vous êtes là.

Sénèque : - Vous avez compris que 2000 ans,

ce n'est presque rien avec une baguette agissant comme un regard plus rapide que la lumière. La deuxième partie du raisonnement, sans vouloir douter de vos facultés de compréhension, elle vous sera plus difficilement compréhensible. Je l'ai vue maîtrisée, je m'en souviens à l'instant, quand un de vos descendants m'a appelé... Oh, dire que tout ce que j'ai vu durant mes précédents voyages, je l'ai oublié en me réveillant à Rome... Oh chère demoiselle, je vous aurai oublié au réveil mais me souviendrai de vous lors d'un prochain voyage...

Romane : - Vous voyagez souvent ?...

Sénèque : - J'ai une petite notoriété qui ne se dément pas au fil du temps. Mes nuits sont variées.

Romane : - Alors, je ne suis pas la seule à posséder une telle baguette.

Sénèque : - J'ignore combien de baguettes existent. Certaines furent détruites mais elles sont indestructibles, elles sont simplement disons perdues. J'ai déjà vu celle-là en tout cas.

Romane : - Vous avez connu ma grand-mère ?

Sénèque, *la regardant fixement* : - Les femmes que j'ai rencontrées ne sont pas dans votre mémoire présente.

Romane : - Vous voyez dans ma mémoire.

Sénèque : - Naturellement...

Romane : - Haa ! *(d'émerveillement)*

Sénèque : - La vie n'est pas ce que l'on nous fait croire.

Romane : - Mais avant... sinon je ne vais rien comprendre, pouvez-vous revenir à votre explication sur le pourquoi et comment je ne vous vois pas simplement agir dans un grand miroir mais je peux vous parler.

Sénèque : - Nous avons plusieurs niveaux de vie. La vie banale où nous laissons notre corps nous guider en pensant que nos idées le dirigent alors que c'est le contraire, et l'autre niveau de vie, c'est l'application de ce que j'ai toujours cru : la philosophie mène à la vraie vie, nous permet d'atteindre cette sagesse, et cette sagesse c'est la vie spirituelle dont les possibilités débordent tout ce que nous pouvons imaginer quand nous croyons simplement penser.

Romane : - J'ai des difficultés à suivre.

Sénèque : - Cette baguette vous permet d'accéder à un état de lucidité que seul le Sage peut atteindre sans une baguette.

Romane : - Pourquoi dois-je viser quelqu'un qui s'endort durant votre présence ?

Sénèque : - Le voyageur a besoin d'une force vitale pour accéder aux fonctions de paroles et aux gestes. Un jour, pour nos descendants lucides, ce ne sera plus nécessaire, ils offriront leur propre force en terre d'accueil.

Romane : - Mais comment puis-je vous parler, alors qu'excusez-moi de vous le rappeler, vous être mort depuis... si longtemps.

Sénèque : - Je suis mort, et de quelle manière !, cela il vaut peut-être mieux que je ne m'en souvienne pas au réveil, je suis mort à un instant mais vous m'avez extrait de mon temps vivant.
Romane : - Alors l'âme existe !
Sénèque : - N'allez pas trop vite ! Ne passez pas d'un extrême à l'autre... Vous me voyez, vous me parlez mais je ne suis pas un citoyen de votre époque, je reste, profondément, viscéralement, Sénèque, né bien avant vous et définitivement mort à votre époque.
Romane : - Mais alors ?
Sénèque : - Vous êtes dans la vérité de la vie alors que moi, sauf à découvrir cette baguette, je ne pourrai que... disons « voyager dans le temps », uniquement quand ma notoriété aura parcouru disons encore « le temps », au point que les vôtres me pensiez détenteur de réponses essentielles. Comme quoi j'ai raison de travailler pour la postérité. Seule la postérité nous sauve.
Romane : - Je ne comprends pas tout.
Sénèque : - Vous approchez de la réalité de la vie alors que vos contemporains réagissent à l'agitation de mythes... certains de ces mythes sont nés d'une imagination de cette réalité, le plus souvent après quelques confidences, comme vous en avez confié une voici quelques instants à mademoiselle votre sœur, qui parviendra difficilement à vous comprendre mais pourrait un jour être portée par l'imagination à créer un nouveau mythe.

Romane : - C'est ma sœur... elle va me croire et comprendre !
Sénèque : - N'en soyez pas aussi certaine. La vérité ne doit se confier qu'à ceux qui peuvent l'entendre. Elle pensera que vous cherchez le Graal et avez la faiblesse de croire l'avoir trouvé en vous racontant une histoire de baguette magique, en prenant vos rêves pour la réalité par refus de la réalité.
Romane : - Et si je raconte tout, simplement comme c'est arrivé ?
Sénèque : - Vous pouvez essayer, mais j'ai bien peur que votre témoignage soit considéré comme une œuvre d'imagination.
Romane : - Et si je réalise une expérience devant une caméra ?
Sénèque : - Vous savez bien, ou plutôt vous ne savez pas encore, que vous seul me voyez et m'entendez.
Romane : - Ah ? C'est pour cela que l'idiot a cru que je parlais seul quand j'ai reçu Epicure.
Sénèque : - Même si nous avions 300 ou 1000 spectateurs, ils vous penseraient un peu folle et sujette à un délire.
Romane : - Alors, à quoi bon ?
Sénèque : - Essayez quand même... si vous en avez la force... votre époque est moins cruelle que la mienne... Si j'ai bien suivi mon avenir, la philosophie n'aura éloigné qu'un temps ce bon Néron de la barbarie de ses prédécesseurs, et il ajoutera le matricide et le quasi parricide aux méfaits des cruels Claude et Caligula.

Romane : - Mais si Claude ne vous avait pas exilé en Corse, vous n'auriez jamais écrit *la consolation à Marcia*, ni *la Colère*.
Sénèque : - Je dois toute ma renommée à mon théâtre.
Romane : - Et pourtant vous n'avez pas encore écrit vos œuvres majeures.
Sénèque : - Il est toujours surprenant de voir ce que l'on retient de vous. Mais comme Socrate, on m'accuse désormais de corrompre la jeunesse.
Romane : - Vous allez écrire *la vie heureuse*.

Sénèque : - Le souverain bien, c'est l'inflexibilité d'une âme que rien ne peut briser, sa prévoyance, sa sublimité, sa santé, sa liberté, sa concorde, sa beauté.
Romane : - Mon p'tit doigt me signale que subitement votre texte va changer de nature et vous allez vous en prendre aux délateurs qui accusent les philosophes de bafouer leurs doctrines, de professer la pauvreté tout en vivant dans le luxe.
Sénèque : - Vous croyez ? Je vais oser ?
Romane : - J'en suis même certaine !
Sénèque : - Moi aussi, à cet instant.
Romane : - Pourtant, maître : « *quel tort pourrait bien faire à un homme de bien les injustes propos dont on l'éclabousse ?* »

Sénèque : - Votre réflexion est très stoïcienne. De quel auteur ?
Romane : - Un certain Sénèque.

Sénèque : - Je vais donc l'écrire ! Ah si je pouvais dès cet instant sortir des obligations de mon rang et me consacrer à la sagesse.
Romane : - Vous y parviendrez !
Sénèque : - Non, nous restons des humains dans notre époque. Votre époque est le paradis sur terre, comme je n'aurais jamais osé en rêver, votre souverain est parfait.
Romane : - Ce n'est pas ce que nous pensons. Les gens se sentent prisonniers, méprisés.
Sénèque : - Fouillez dans le cœur de ces gens qui gémissent sur le sort qu'ils ont désiré, qui parlent de fuir ce dont ils ne peuvent se passer. La servitude ne retient que peu d'hommes, il en est plus qui retiennent leur servitude. Vous n'avez pas connu Claude, Caligula... et Néron... Vous avez la chance de pouvoir vivre libre sans être happé par la chose publique.
Romane : - Et pourtant la pauvreté augmente.
Sénèque : - Faire bon ménage avec la pauvreté, c'est être riche. Le confort même de votre classe moyenne dépasse tout ce que je peux espérer même en possédant votre Egypte et votre Angleterre. Notre opulence déjà exceptionnelle par rapport à nos ancêtres, est infime par rapport à la vôtre.
Romane : - Et pourtant, il y a plus de sagesse dans vos entretiens que dans les milliers de livres publiés par nos pseudos philosophes.
Sénèque : - Les siècles ont fait le tri. Vous regrettez de ne pas pouvoir lire l'ensemble de mes écrits mais les siècles vous ont épargné

les quatre mille volumes du pitoyable grammairien Didyme.

Romane : - J'ai bien aimé votre commentaire : « *Je le plaindrais même s'il n'avait fait que lire un pareil ramassis d'inutilités.* »

Sénèque : - Je fais ce que je peux dans une époque cruelle.

Romane : - Et nous oublions notre chance. Nous perdons notre temps.

Sénèque : - Seul le temps nous appartient. Si vous ne deviez retenir qu'une chose de notre entrevue… Vous pouvez vous consacrer à l'étude, alors que pour conseiller le prince, j'ai dû y renoncer.

Romane : - Mais pourquoi n'êtes-vous pas resté tranquillement dans votre exil en Corse ?

Sénèque : - Croyez-moi, cette terre est inhospitalière, peuplée de barbares. Et on m'a rappelé à Rome pour veiller à l'éducation de Néron.

Romane : - Vous n'exagérez pas un peu sur la Corse ? Et vous l'avez un peu réclamé, ce retour…

Sénèque : - Si vous connaissiez Rome et la Corse de mon époque, vous seriez du même avis. Quant à mon retour… il faut croire que même un stoïcien qui fut toujours conscient d'avoir encore un long chemin avant de parvenir à la Sagesse, même un apprenti stoïcien… laisse passer son devoir de participer aux affaires publiques avant son

bien personnel. Quant au sujet de votre... « nation », je vous avoue ma préférence pour Arles.
Romane : - Madame Sénèque.

Sénèque : - Appelez-la Pauline... nous croyons la mort redoutable et les femmes désirables... c'est pourquoi il faut consacrer à vivre tout le temps que l'on vit... les stoïciens ont toujours reconnu que le Sage, qui est le but de nos efforts et la raison de notre philosophie, le Sage n'a peut-être jamais existé. (*en souriant :*) La guérison mentale est le grand but du stoïcien. Même à Zénon, Cléanthe et Chrysippe, il a manqué votre baguette de Sagesse.
Romane : - Mais comment accepter de mourir ! Qui plus est quand on sait ce que je viens de découvrir !

Sénèque : - Nous avons reçu la vie à condition de mourir. Refuser de mourir, c'est ne pas avoir accepté de vivre. Qui plus est, redouter quelque chose qui n'existera pas pour nous est aussi absurde que de redouter un mal qu'on ne sentira pas. Rassurez-vous, la mort rend insensible. Qu'elle soit une fin ou un passage, nous n'avons rien à craindre.
Romane : - Mais le temps passe si vite. Comment ne pas rater sa vie ?
Sénèque : - « *Une journée de l'être éclairé*, dit Posidonius, *a plus d'étendue que la vie, si longue soit-elle, de l'ignorant.* » Quant à moi, je vous ajoute : la base de la sagesse, c'est

de ne pas mettre sa joie dans les choses vaines.

Silence

Romane : - Sénèque ? Sénèque ? Ça va ?
Sénèque : - Vous avez le matériel, dans une époque de toutes les facilités, pour atteindre la sagesse... sachez vous pénétrer, vous nourrir des auteurs essentiels... ne butinez pas trop... sachez vous rendre de jour en jour meilleure, par la méditation, avancez vers la Sagesse... Etudiez, non pour savoir davantage mais pour mieux savoir... Paulina m'appelle...

Sénèque s'effondre derrière le canapé.

Rideau

Acte 3

Suite : Karine réapparaît derrière le canapé tandis que sa sœur reste les yeux écarquillés, se retenant de pleurer la disparition de Sénèque.

Karine : - Je crois que j'ai fait un malaise.
Romane : - Pardonne-moi.
Karine : - Te pardonner ? Ah, je me sens déjà beaucoup mieux, comme si je me réveillais. Pourquoi te pardonner ?
Romane : - D'avoir voulu te montrer que cette baguette est bien magique.
Karine : - Tu ne m'a rien montré ! Je te disais justement que je n'y croyais pas à ton délire de mémé. Et là tu as dis un nom bizarre… et je me suis… comme endormie.
Romane : - Un nom bizarre ?
Karine : - Oui, un nom que je t'ai déjà entendu prononcer. Ce ne serait pas un de tes philosophes préférés ?

Romane prend le livre sur la table et le lui tend.

Karine : - Sénèque, oui… (*l'ouvrant*) je ne comprends pas comment tu arrives à lire des gros livres comme ça. En plus, c'est écrit en hyper minuscules (*elle le repose*).
Romane : - Pauvre Sénèque, il se lève, il ne sait déjà plus ce qui l'attend… Tu sais que Néron va devenir pire que Caligula !
Karine : - Caligula, celui du film ?

Romane : - Ils ont fait des films sur lui, l'empereur sanguinaire.
Karine : - Quel rapport avec ton Sénèque.
Romane : - Il est retourné écrire *la vie heureuse*, il va se défendre contre la calomnie... il lui reste encore une œuvre à écrire, malheureusement seulement 124 de ses lettres à Lucilius vont nous parvenir, les autres sont perdues.
Karine : - Tu parles comme si vous étiez potes et que tu venais de passer une heure au bistrot avec lui.
Romane : - C'est possible pour toi de comprendre que tu n'as pas eu un malaise ?
Karine : - Ah oui, j'ai eu un malaise, j'avais presque déjà oublié, n'en parle pas à maman, elle va vouloir me faire faire des examens, elle va encore dire que je fais trop de sport.
Romane : - Et durant ce temps, est-ce que tu ne m'aurais pas entendu parler ? Parler comme si je dialoguais avec quelqu'un que tu n'entendais pas ?
Karine : - J'ai l'impression de m'être endormie, oui, j'ai rêvé que tu blablatais, développais tes théories philosophiques comme tu le fais à chaque fois que tu daignes venir partager un repas avec ta famille d'ignares, comme dirait père.
Romane : - Tu m'entendais parler avec Sénèque.
Karine, *en souriant* : - Le copain de Caligula ?
Romane : - Karine, si tu te moques de moi, tu ne comprendras jamais ce que je te raconte.

Karine : - Essayer de te comprendre, c'est comme essayer de changer Johnny Hallyday... je ne te rappelle pas de qui est cette belle phrase, un aphrodisme comme tu dis.
Romane : - Aphorisme.
Karine : - Alors, on va le faire, ce tennis ?

Romane : - J'essaye de t'expliquer que ma baguette magique t'a transformée en Sénèque, que j'ai eu le privilège de parler avec le plus grand philosophe stoïcien et tu me réponds « *on va faire un tennis ?* »
Karine : - J'aurais dû le croiser ton Sénèque, il aurait peut-être voulu que je lui apprenne à jouer au tennis. Parce que je ne suis pas aussi ignare que tu crois, le mot tennis date de 1880. Tu le savais ?

Romane : - Je croyais 1879 !
Karine : - En tout cas, ton Sénèque, je lui aurais mis 6-0, 6-0, je crois. Parce qu'il devait plus être tout jeune.
Romane : - Alors il avait raison.
Karine : - Quoi, il avait raison ?
Romane : - Il m'a souhaité bon courage. Personne ne peut me croire.
Karine : - Mais si, tu cherches ton Graal, et tu crois l'avoir trouvé en te racontant cette histoire de baguette magique. Tu prends tes rêves pour la réalité, parce que tu refuses la réalité.
Romane : - Karine, tu as déjà entendu quelque part cette phrase ?
Karine : - Je suis quand même capable de

prononcer deux phrases sans les réciter. Faut quand même pas me prendre pour une conne.
Romane : - Karine, presque mot pour mot, Sénèque m'a prétendu que tu en conclurais cela !
Karine : - Tu aurais dû lui demander le tirage du loto !
Romane : - Le mot Graal, ce n'est pas ton vocabulaire.
Karine : - Si tu avais regardé la télé hier soir, tu le connaîtrais !
Romane : - Je le connais mais toi, c'est la première fois que je t'entends le prononcer.
Karine : - Bin oui, contrairement à ce que croit l'intellectuelle de la famille, la télé cultive ! Ou alors tu vas me dire que comme Sénèque, j'ai regardé la télé hier soir et que lui comme moi on est victime du matraquage de cette télé que tu détestes !
Romane, *s'asseyant, effondrée, proche des larmes* : - Karine, si tu ne m'aides pas, je crois que je vais devenir folle.
Karine, *se rapproche, d'abord touchée* : - Qu'est-ce que t'as ma grande sœur ?
Romane : - Y'a que mémé m'a donné cette baguette magique alors que j'avais huit ans, en me précisant de ne pas l'utiliser avant mes vingt ans. Et j'ai vingt ans. Et cette baguette est vraiment magique. Tu ne sais pas ce que c'est de dire Sénèque et de le voir apparaître à ta place.
Karine : - C'est vrai que ça doit faire un drôle d'effet.

Romane : - Karine, pourquoi je te mentirais ?

Karine : - Tout à l'heure j'aurais dit pour ne pas venir faire un tennis... mais là je vois bien que tu es vraiment mal.

Romane : - Que vais-je devenir ?

Karine : - C'est peut-être vrai ce que dit maman.

Romane : - Quoi ?

Karine : - Non... rien...

Romane : - Allez, vas-y, je sais bien que ce n'est pas de toi...

Karine : - Que mémé, en plus de t'avoir donné un appart, elle t'a aussi donné son grain. Non, je me plains pas, j'ai eu son livret de caisse d'Epargne...

Romane : - Que vais-je devenir ?

Karine : - Tu veux que je la jette, ta baguette ? Comme ça, plus de baguette, plus de revenants, tu me donnes ta baguette et je te donne une raquette, et on va se faire un tennis, et ça te passera ces trucs, tu verras, j'ai encore progressé. Alors, je te la casse en dix morceaux, cette baguette ?

Romane : - Tu crois que c'est la meilleure solution ?

Karine : - Et si je gagne, tu me payes un flunch !

Romane : - Détruire cette baguette magique ?

Karine : - Elle te perturbe trop, elle t'empêche de vivre.

Romane : - Elle m'empêche de vivre ?

Karine : - Tu vois, t'as même pas de télé et tu veux jamais faire un tennis.

Romane : - Télé, tennis... C'est ça la vie ?
Karine : - Toi qui parles toujours d'équilibre, prends un miroir et regarde qui a l'air la plus équilibrée ici.
Romane : - Un miroir... regarder...

> *Romane se lève, s'avance... vers la baguette magique... la prend... reste un moment retournée...*

Karine : - Allez, je te la casse, je la vire au vide-ordure et on va faire un tennis...

> *Romane se retourne, la tend vers sa sœur.*

Romane : - Socrate !

> *Karine s'effondre. Le rideau se baisse.*

FIN

Vous souhaitez jouer cette pièce ?

Il vous suffit de contacter Stéphane Ternoise sur :

http://www.theatre.st
ou
http://www.ternoise.fr

La baguette magique et les philosophes

La version 2, avec une femme et quatre hommes ; Karine, la sœur, est devenue Kevin, le frère.

Théâtre magique historique et philosophique en trois actes.

Histoire :

Inchangée. Avant de quitter la terre, sa grand-mère lui a offert une baguette magique, en lui spécifiant qu'elle ne devait pas l'utiliser avant ses vingt ans. Romane ignore presque tout de ses pouvoirs, simplement qu'ils peuvent faire apparaître des morts décédés avant sa naissance. Pour la première fois, elle va l'utiliser un matin de spleen et remplacer son partenaire par Epicure, le philosophe.

Cinq personnages :

Romane : personnage central, vingt ans, sûrement étudiante, très jeune femme contemporaine coquette, versée dans la philosophie mais très libérée.
Kevin : son frère, dix-huit ans.
Lui : la rencontre du soir précédent de

Romane, la vingtaine, très distingué. Beau et con à la foi aurait conclu Jacques Brel !
Epicure : l'apparition, très âgé.
Sénèque : l'apparition, la cinquantaine très bien portante, grand seigneur romain.

Un seul acteur peut réussir la performance de tenir les quatre rôles masculins.
La pièce est donc destinée aux troupes d'une femme et un à quatre hommes.

Durée :

Environ une heure.

Acte 1

Scène 1

Le jeune couple, très récemment formé, termine un petit-déjeuner câlins dans ce qui semble être l'appartement coquet mais meublé sans grand moyen de la jeune femme.

Romane : - Tu me gênes... Parfois mes ignorances me sautent aux yeux. Je n'ai presque rien lu.
Lui : - La lecture, pfou ! La vie ne s'apprend pas dans les livres. Faut être cool ! Faut en profiter ! Rassure-toi, tu es canon, tu es une princesse, tu dois être aimée comme une princesse. Reste comme tu es !
Romane : - Une princesse ! Une Lady Di... minuée ! Parfois je me trouve tellement laide.
Lui : - Oh ! Tu déconnes !
Romane : - Je me demande comment un mec peut me supporter une heure !
Lui : - Oh ! Tu déconnes !
Romane : - Non, je ne dis pas à faire l'amour, chacun a des besoins... mais après... en plus ici sans télé...
Lui : - Oh ! Tu déconnes ! C'est vrai que pour déjeuner, si y'avait une télé, ce serait sympa.
Romane : - Si tu avais une baguette magique... tu me transformerais en qui ?
Lui : - Tu déconnes !
Romane, *le regardant, éplorée, fatiguée de ses réponses* : - Comme tu le répètes, nous le sommes sûrement.

Lui : - Tu dis ?
Romane : - Des... connes.
Lui, *joyeux* : - Ah, tu t'y mets enfin, tu déconnes... T'es un peu trop sérieuse parfois, tu trouves pas ?
Romane : - Bon, revenons à l'essentiel !
Lui : - Tu veux refaire l'amour, là, tout de suite, sur la table ?
Romane : - Tu me transformerais en quoi, si tu le pouvais ? Je ne pense pas forcément en une femme... mais quelqu'un avec qui tu as toujours rêvé de passer une heure.
Lui : - Euh... toi ! Toi, c'est très bien ! Sur la table, ce serait cool !
Romane : - Quelqu'un d'exceptionnel !
Lui : - Toi, tu es exceptionnelle, tu sais.
Romane : - Quelqu'un que tu n'as jamais vu en vrai.
Lui : - Zidane. Ouais Zinédine Zidane. J'aimerais qu'il me raconte sa finale mais aussi ses années en Italie, son transfert à Madrid, la pression, et ce qu'il devient maintenant. J'ai essayé le foot. J'ai même passé un stage au centre de formation. Alors, forcément, Zidane, ce serait le top.
Romane : - Tu crois qu'un footballeur peut raconter quelque chose ?
Lui : - A part Zidane, je ne vois pas, c'est quand même le plus grand sportif qu'on ait connu. Et toi ?

Elle se lève, va chercher une baguette accrochée au mur, la regarde.

Romane : - Ma grand-mère était un peu sorcière et elle m'a offert sa baguette magique. (*avec un sourire sardonique :)*) Il serait temps que je l'utilise ! Puisque j'ai 20 ans ! Elle a le pouvoir de faire apparaître nos chers disparus à la place des vivants visés. (*Elle commence à le viser... il se lève et fait un écart*) Ne bouge pas, je t'ai raté.
Lui : - Déconne pas.
Romane : - Ça ne pouvait pas fonctionner, il me faut prononcer le nom du disparu que je souhaite accueillir.
Lui : - Déconne pas. J'ai vu un film où le mec était vraiment transformé. La sorcière le transformait en lapin et le déposait au bord d'une route un dimanche matin, et après le mec, qui était président de la société de chasse, se faisait flinguer par son meilleur copain. Et alors la sorcière regardait le tableau du haut de la colline et retransformait le lapin en mec qui restait mort... alors déconne pas avec ça...
Romane : - J'ai l'air d'une sorcière ?
Lui, *on sent une légère peur dans ses yeux* : - Non mais t'avais un drôle de regard quand t'as levé ta baguette... y'a des choses dont il ne faut pas rire dans la vie.
Romane : - T'es sûr ?
Lui : - Bin oui.
Romane : - De quoi donc, ne faut-il pas rire ?
Lui : - Heu... La mort, les fantômes...
Romane : - C'est tout ?
Lui : - Le sida.

Romane : - Rien d'autre ?
Lui : - Heu... Le loto, le RC Lens, Zidane, Francis Cabrel, Grégoire, Olivia Ruiz...
Romane : - Et l'amour, on peut en rire ?
Lui : - Non, l'amour c'est sérieux, faut pas en rire.
Romane : - Alors pourquoi tu m'as draguée hier soir ?
Lui : - Quand je t'ai vue, j'ai été ébloui, tu es tellement belle, craquante, tu sais... mais pose cette baguette... on ne rit pas des baguettes non plus.
Romane : - On peut rire de tout mais pas avec n'importe qui, avait déjà remarqué Pierre Desproges.
Lui : - Je connais pas.
Romane : - Et les philosophes, tu les connais ?
Lui : - Euh... Mon père dit tout le temps que je suis épicurien, il veut dire que j'aime me faire plaisir. Tu connais Epicure ? Tu vois, la philosophie c'est pas forcément chiant, c'est pas comme ceux dont on nous bourrait le crâne au lycée.
Romane : - Tu es allé au lycée, toi ?
Lui : - Pourquoi, ça ne se voit pas ?
Romane : - Bon, revenons aux choses sérieuses, en qui vais-je te transformer ?
Lui : - Arrête. Tu vas me donner mal à la tête.
Romane : - Non, ça c'est la bière.
Lui : - Si on allait plutôt refaire l'amour. J'aime faire l'amour avec toi, tu sais, je suis un épicurien.

Romane : - Epicurien toi ? On a dit que j'allais te transformer.
Lui : - Arrête... *(il sourit et s'avance)* ou je te confisque ta baguette.
Romane : - Tu n'en auras pas le temps.

Il se précipite mais elle tend sa baguette magique vers lui...

Romane : - Epicure !

Il s'écroule derrière le canapé.

Scène 2

Romane et l'apparition d'Epicure.

Romane : - Levez-vous cher maître (*il apparaît derrière le canapé, il est un vieil homme, se relève difficilement, repousse sa main quand elle l'approche*)
Epicure : - Chère demoiselle.
Romane : - Il est vrai que je n'avais rien précisé... J'aurais peut-être préféré vous recevoir dans la force de l'âge.
Epicure : - Mademoiselle m'a demandé, je suis venu sans me changer... L'âge... vous vivez une époque absurde où les filles de votre âge, belles, intelligentes, perdent leur temps avec de petits jeunes freluquets pas formés et stupides, certes mignons et désirables. (*il sourit en se tournant vers le canapé*)
Romane : - Je ne m'attendais pas à pareille entrée en matière.
Epicure : - Vous étiez bien en train... de vous ennuyer...
Romane : - Certes. Je ne peux le nier.
Epicure : - Et ce n'est pas un reproche, toute femme digne de ce nom, s'ennuierait avec un tel marmouset, juste bon au plaisir de vieux dépravés... à notre époque... Même si certaines évolutions sont positives, il reste logique qu'une femme intelligente de 20 ans ne puisse trouver de véritable plaisir avec un gamin de son âge.
Romane : - Niveau plaisir, quand même, je ne me plains pas...

Epicure : - Vos moralistes prétendraient mes propos incorrects, pourtant il en est ainsi, l'homme se développe beaucoup plus lentement que la femme et il a besoin de beaucoup philosopher pour trouver sa paix intérieure... le véritable plaisir n'a pas d'âge mais des affinités. Vous en êtes encore à l'éblouissement de la jeunesse et mon apparence vous semble malheureusement rédhibitoire au plaisir physique.

Romane : - Je sais votre temps compté... ne m'en voulez pas si je préfère vous écouter, retenir vos leçons.

Epicure : - Ecoutez-moi plutôt dans le peu de mes écrits qui vous sont parvenus. Quel gâchis ! Je viens de voir cela en traversant les siècles. Quel cauchemar ! Autant écrire et finalement ne laisser aux générations suivantes que trois lettres et quelques aphorismes.

Romane : - Maître... résumez-moi tout ce qui fut perdu !

Epicure : - Ah brave demoiselle, parler, converser, est l'un de mes grands plaisirs... mais en vous voyant d'autres plaisirs me traversent l'esprit.

Romane : - Je vous rappellerai... il me faut quand même un peu de temps pour assimiler votre remarque sur la nécessaire différence d'âge entre la femme de 20 ans disposée au plaisir et l'homme pouvant la combler...

Epicure : - Vous avez tout compris en quelques secondes.

Romane : - Mais vous avez quand même 2400 ans.
Epicure : - Ne me vieillissez pas ! Et les plus difficiles furent les cents premiers, quelques décennies sur terre, quelques décennies à regarder en arrière en regrettant le temps perdu en futilités, ensuite ce n'est qu'une question de patience. On s'y fait ! Comme vous le voyez je reste dans la force de l'âge !
Romane : - Vous voulez bien me résumer vos œuvres perdues.
Epicure : - Mais c'est impossible, des dizaines de traités ne se résument pas en quelques phrases. Il faut saisir la subtilité des choses. Il faudrait aussi supprimer de la pensée collective cette notion péjorative contenue dans épicurien...
Romane : - Oh maître... A part les... comme lui (*en souriant et se tournant vers le canapé*) nous savons qu'Epicure n'était pas épicurien.
Epicure : - Comme j'ai souffert durant le voyage en constatant qu'ils avaient gagné, mes pourfendeurs.
Romane : - Non, maître...
Epicure : - Ne cherchez pas à me rassurer, votre... copain, n'est pas le seul dans ce cas, je sais qu'on m'a dénigré et le poison est dans le nom. Ah, quelle mauvaise foi, d'avoir assimilé les plaisirs des gens dissolus et le vrai plaisir de la vie vertueuse. Ah pourquoi !
Romane : - C'est le même mot !
Epicure : - Mais ce n'est pas une raison. Les mots ont le sens qu'on leur donne, ce fut fait

pour nuire à mon audience, pour déformer ma pensée. La vérité a toujours dérangé. Déjà dans ma lettre à Ménécée je devais me défendre : "*lorsque nous disons que le plaisir est la fin, nous ne parlons pas des plaisirs des gens dissolus ni des plaisirs de jouissances, mais de l'absence de douleur en son corps, de l'absence de trouble en son âme.*" Pourtant, aujourd'hui encore, hier pour vous, l'ensemble de mes écrits étaient disponibles. Ah la calomnie !

Romane : - Maître, nous sommes donc immortels !

Epicure : - Vous seriez dans l'erreur si vous en déduisiez cela de mon apparition, si vous en arriviez à nier l'être mortel.

Romane : - Mais alors ?

Epicure : - Je n'en sais pas plus ! Donc je sais l'essentiel : vivez en immortelle, comme sur une mer apaisée après la tempête, transcendez votre vie, philosophez, trouvez l'équilibre, la sérénité, la plénitude, la paix intérieure.

Romane : - Mais vous êtes là !

Epicure : - L'être ne peut cesser d'être. Mais l'être n'est pas ce que vous croyez.

Romane : - Le monde a changé, nous pouvons comprendre ce qui semblait incompréhensible.

Epicure : - Un peu de connaissances n'y change pas grand chose. Les motifs d'angoisse sont restés les mêmes, la peur de la mort, du malheur, de la souffrance, des Dieux.

Romane : - Laquelle de vos doctrines une fille comme moi devrait connaître par cœur ?
Epicure : - Ah ! Si j'avais de l'encre, pour vous j'en écrirais des pages, je réécrirais d'abord tout ce qui fut sauvagement et mesquinement détruit... et vous vous apercevriez que certains de mes traités n'ont pas vraiment disparus, ils furent transformés et les plagiaires ont brûlé les originaux.
Romane : - Oh !
Epicure : - Maudits usurpateurs ! Et je reverrais sûrement quelques doctrines... en vous regardant je doute d'une maxime pourtant encore hier soir jugée très pertinente.
Romane : - Oh, dites, maître.
Epicure : - Quand on se suffit à soi-même, on arrive à posséder le bien inestimable qu'est la liberté.
Romane : - Ah la liberté ! Vivre libre est mon ambition.
Epicure : - Nous les philosophes avons échoué : la croyance aux mythes a triomphé. Nous nous sommes chamaillés entre chapelles alors que nous étions d'accord sur l'Essentiel, et nous avons laissé les partisans des mythes intoxiquer les cerveaux. Ils ont modifié leurs sophismes pour les rendre encore plus efficaces. Au point que même ceux qui n'y croient pas sont intoxiqués et ne comprennent pas que seule la philosophie est la voie pour atteindre la vie bienheureuse.
Romane : - Comme c'est beau !

Epicure : - Je n'ai eu d'autre but que d'éradiquer le trouble de l'âme.
Romane : - Tout n'est pas perdu. Les philosophes existent encore !
Epicure : - Il ne faut pas faire le philosophe mais philosopher réellement, car nous n'avons pas besoin d'une apparence de santé mais de la santé véritable.
Romane : - Philosopher, oui... mais j'ai si souvent l'impression de perdre mon temps. Sauf maintenant ! Et quand je vois comment vivent mes parents, c'est affreux.
Epicure : - Tout embrigadement est un danger. Il faut se dégager soi-même de la prison des affaires quotidiennes et publiques.

Romane : - Que se passe-t-il ?... Pourquoi semblez-vous soudain flou ?
Epicure : - Le soleil se lève, je retourne dans la réalité qui n'existe pas.
Romane : - Dites-moi en plus. La mort fait toujours peur.
Epicure : - Accoutume-toi à penser que la mort n'a aucun rapport avec toi, car tout bien et tout mal résident dans la sensation ; or la mort c'est la disparition des sensations. Tant que tu es toi, la mort n'est pas là, et quand elle sera là, tu ne seras plus. La mort n'a rien à voir avec les vivants. La mort n'a rien à voir avec toi, charmante demoiselle, soleil de mon millénaire.
Romane : - Et pourtant ! Vous devez savoir des choses que les vivants ignorent.
Epicure : - Je ne veux pas vous offenser. Mais

il est des choses que les humains ne peuvent pas comprendre. Rejetez les mythes et vous aurez une chance de saisir l'essentiel. Un des petits jeunes observés durant ce grand voyage, a écrit *"l'essentiel est invisible aux yeux."*
Romane : - St Exupéry.
Epicure : - Je ne doute pas que désormais, même après quelques bières, vous ne succomberez plus au premier désir venu, au doux visage de prétentieux insipides.
Romane : - Ah le désir ! Le désir est partout. Même en politique, y'a le désir d'avenir !
Epicure : - A propos de chaque désir, il faut se poser cette question : quel avantage résultera-t-il si je ne le satisfais pas ?
Romane *répète* : - A propos de chaque désir, il faut se poser cette question : quel avantage résultera-t-il si je ne le satisfais pas ? Comme c'est juste.
Epicure : - D'un jeune auteur nommé Epicure ! Je suis plus jeune que vous l'avez d'abord cru.
Romane : - Mais si je n'avais pas suivi mon désir, si je n'avais pas passé la nuit avec ce zigoto (*regardant vers le canapé et souriant*), je me serais réveillée de mauvaise humeur. Il faut vivre sans désir, alors ?
Epicure : - Parmi les désirs, les uns sont naturels et nécessaires, boire et manger par exemple, les autres naturels et non nécessaires, d'autres ne sont ni naturels ni nécessaires mais proviennent d'un

raisonnement perverti par la force du conditionnement.

Romane : - Mes pensées vont vers des êtres de qualité et pourtant mes désirs naturels me jettent dans des bras...

Epicure : - Il vous suffit peut-être simplement de remplacer la bière par la philosophie.

Romane : - Alors, comment vivre ?

Epicure : - La tranquillité, la vie à l'écart de la foule, rien n'a fondamentalement changé en quelques années.

Romane : - Maître, pourrai-je vous rappeler quand j'aurai assimilé tout ce qui vient de se passer ?

Epicure : - Vous savez bien que les greens tickets de votre baguette magique ne sont pas renouvelables.

Romane : - Que vais-je devenir ? Je n'aurais peut-être jamais dû essayer cette baguette magique.

Epicure : - Vous allez aimer, aimer la vie, et peut-être même un jour rencontrer un être sur le même chemin que vous, un être de connaissance, de questionnement.

Romane : - Mais il n'en existe pas sur cette terre. Au moins dans cette ville. Vous êtes certain que je ne peux pas vous garder ?

Epicure hausse les épaules.
Elle s'approche, fait pour le toucher, et il s'effondre derrière le canapé.

Epicure : - Bon courage...

Elle tombe sur une chaise, la tête dans les mains.

Scène 3

Romane puis Lui réapparaît.

Lui : - Qu'est-ce que je faisais allongé par terre ? Comme un ivrogne cuvant ! Hé princesse ?
Romane : - Ah ! Toi ?
Lui : - Quoi moi ? Tu jouais avec une baguette magique et ensuite j'ai l'impression d'avoir rêvé... De t'avoir entendue délirer.

Elle sourit.

Lui : - Tu m'aurais pas hypnotisé avec ta baguette ? Arrête de sourire comme ça, j'ai l'impression que tu te payes ma tête. Au fait, je ne te connais pas ! Tu ne serais pas une perverse psychotique ? Ou une voleuse (*il va à sa veste, regarde dans son portefeuille*) Arrêtes ton sourire de perverse ! J'en ai connues des chiantes, des déglinguées du ciboulot et des tarées, mais là c'est le pompon !
Romane : - Je ne te retiens pas.
Lui : - Je croyais qu'on allait refaire l'amour ! Là t'es vraiment super ! Pourquoi tu souris quand je te parle ?
Romane : - Parce que tu dois avoir rêvé.
Lui, *en s'avançant* : - T'as de la chance que je te désire.
Elle, *en souriant* : - A propos de chaque désir, il faut se poser cette question : quel avantage résultera-t-il si je ne le satisfais pas ?
Lui : - J'ai entendu un de ces trucs dans mon

cauchemar, c'est bizarre, tu racontais ce genre d'âneries, comme si tu parlais à quelqu'un que je n'entendais pas.
Romane : - Tu as donc raté l'essentiel.
Lui : - Y'a quelqu'un d'autre ici ?
Elle, *en souriant* : - Nous sommes plus nombreux que tu le crois.
Lui : - Mais tu es folle. (*elle le regarde en souriant, se demandant de plus en plus visiblement ce qu'elle a pu faire avec un mec pareil*) Tu t'es piquée. Tu es une junkie ? Comme quoi ils ont raison, faut toujours se protéger avec une nouvelle.

Il regarde sa montre.

Lui : - Je me tire d'ici avant que ça dégénère. Salut, la philosophe.
Romane : - Je vais essayer (*il la fixe sans comprendre puis sort*)

Rideau

Acte 2

Scène 1

Quelques jours plus tard. Même appartement. La baguette de nouveau au mur. Un gros livre, l'intégrale de Sénèque, sur le bureau.
Romane, seule, de dos, regarde par la fenêtre. Se retourne, semble très pensive et perturbée.

Romane : - Et maintenant ? Après Epicure, à qui le tour ? Socrate, Platon, Diogène, Sénèque, Schopenhauer, Goethe, vont défiler dans cet appartement ?
Et ensuite je deviendrai folle, je ne saurai plus discerner la réalité des apparitions ?

(*elle s'assied*)

Mémé, que dois-je faire ?
J'avais huit ans, mémé, quand tu m'as donné cette baguette magique. Huit ans ! Tu m'avais juste précisé de ne pas l'utiliser avant mon vingtième anniversaire. Et que je ne pourrai la remettre qu'à ma fille ou ma petite-fille. Je t'avais répondu oui, « *oui mémé* ». Et tu m'avais murmuré « *va* », quand maman m'avait appelée, elle ne voulait pas que je te fatigue. Et le lendemain tu étais morte, je n'ai pas eu le droit de te revoir. Est-ce que même morte tu m'en aurais appris plus ?
Mémé, à huit ans, je ne pouvais pas te poser toutes les questions qui me tournent dans la tête aujourd'hui.

Je sais bien, tu avais ajouté des mots que je n'avais pas compris mais qui sont restés gravés là « *moi, tu ne pourras pas m'appeler. De même qu'aucune personne à cinq générations de notre famille. De même qu'aucune personne ayant vécu sur terre depuis ta naissance. Tu ne pourras pas prêter ta baguette, même à ton frère. Et il en sera toujours ainsi, tu transmettras cette loi le moment venu après avoir fait de ton mieux pour mériter l'honneur d'avoir appartenu à la confrérie.* » Pourquoi ? Je n'en sais rien ! Je te regardais avec mes grands yeux de petite fille dont la mémé lui donne un secret trop grand pour elle.

Quel humain ne perdrait pas le ciboulot quand il peut converser avec Proust, Stendhal, Balzac, comme avec la boulangère ou le facteur ? Même le général de Gaule si je veux !

Scène 2

On sonne. Elle va ouvrir sans poser de question. Elle savait donc qui devait venir. C'est son frère, Kevin. Ils s'embrassent.

Kevin : - Oh là la, ça ne va pas mieux toi, tu as l'air perturbée, frangine.
Romane : - Ça va.
Kevin : - Tu es amoureuse ?
Romane : - Pfou... tu les as vus les mecs.
Kevin, *en souriant* : - Souvent ici...
Romane : - Tu te souviens de mémé Charlotte ?
Kevin : - J'avais six ans quand elle est morte, partie comme on doit dire, tu sais bien. Tout ce que je sais, ça vient de toi ou maman. Il ne me reste que des souvenirs visuels.

Romane va prendre au mur la baguette magique.

Romane : - Et ça c'est sa baguette magique.
Kevin : - Oui, elle te l'a donnée, et j'avoue que j'en ai toujours été jaloux. Quand j'avais 7-8 ans, j'allais la prendre dans ta chambre.
Romane : - Oh !
Kevin : - Et je jouais à la sorcière, je transformais mes doudous.
Romane : - En quoi ?
Kevin : - En tout ce qui me passait par la tête... tu te souviens que j'étais amoureux de Patricia Kaas.
Romane, *en souriant* : - C'est de famille, père l'est encore !

Kevin : - Mais pourquoi me parles-tu de cette baguette, elle a quoi à voir avec tes soucis ?
Romane : - Tout !
Kevin : - Tout ! Mémé croyait qu'elle était vraiment magique, m'a raconté maman. On avait une mémé timbrée, selon elle.
Romane : - Ne dis pas cela.
Kevin : - Toi aussi, tu vas croire qu'elle est vraiment magique, ta baguette ? Qu'elle peut te créer le prince charmant sur un cheval blanc ?
Romane : - Ce que tu faisais avec tes doudous, je peux le faire avec des humains. Mais contrairement à tes doudous, les humains changent d'identité.
Kevin : - T'as fumé ?
Romane : - Dimanche matin, j'étais avec un beau gosse... Il m'énervait tellement que j'ai pris la baguette, et que j'ai murmuré « Epicure », alors le beau gosse s'est effondré derrière ce canapé, il était là où tu es, tu vois, et c'est Epicure qui s'est difficilement relevé.
Kevin : - T'avais fumé la veille ?
Romane : - Tu sais bien que je ne touche pas à ce poison. L'alcool déjà ça m'agite les neurones... mais c'était le matin, j'étais totalement lucide, trop même pour supporter un mec beau et con mais alors con à la fois.
Kevin : - Tu m'en veux si je ne te crois pas ?
Romane *hausse les épaules, silence, puis tend sa baguette vers son frère :* - Sénèque !

> *Son frère s'effondre derrière le canapé et elle le fixe avec des yeux écarquillés.*

Scène 3

Sénèque apparaît. Environ 50 ans, habillé en grand seigneur romain, il n'a donc pas encore écrit ses Lettres à Lucilius *ni ses* Entretiens. *On peut imaginer qu'il se situe à sa période politiquement faste, quand il régentait l'empire romain du jeune Néron.*
Ils se regardent, long silence.
Elle sourit.

Romane : - Vous ne devez pas être trop dépaysé. Vous êtes sur les terres de votre empire romain.
Sénèque : - Si je me souvenais de tout ce que j'ai vu durant ce voyage et que j'ose en parler, Néron m'ordonne de me suicider dès demain.
Romane : - Alors vous savez ce qui va vous arriver.
Sénèque : - J'ai tout vu mais s'il m'en reste quelque chose au réveil, je me hâterai d'évacuer ce cauchemar.
Romane : - Alors... nous sommes dans votre sommeil ?
Sénèque : - Vous l'ignoriez ?
Romane : - Maître, je vous avoue tout, peu importe si cela me porte préjudice, il faut que vous m'aidiez.
Sénèque : - Si je le peux... je vous écoute.
Romane : - Ma grand-mère m'a offert cette baguette avant de disparaître, alors que j'avais huit ans, je l'utilise seulement pour la deuxième fois, et j'ignore tout de ce qui se passe actuellement.

Sénèque : - N'ayant pas vu... Puis-je poser une question peut-être indiscrète ?
Romane : - Je vous dirai tout ce que je sais.
Sénèque : - Qui avez-vous appelé en premier ?
Romane : - N'en prenez pas ombrage maître, il s'agissait d'Epicure.
Sénèque, *visiblement contrarié* : - Ah !
Romane : - J'étais avec un jeune de mon âge, qui me gonflait (*elle cherche avec précipitation à se justifier*), j'avais la baguette magique, je lui ai parlé de philosophie, il n'a pu me répondre qu'une chose « *mon père me dit épicurien* »... alors je n'ai pas réfléchi, j'ai prononcé Epicure.
Sénèque, *souriant, rassuré* : - Epicure n'était pas le pire des hommes que cette terre ait vu, il a même des préceptes justes, et quand ils le sont, il ne faut jamais hésiter à se les approprier ; toute belle pensée, d'où qu'elle vienne, est mon bien. Comme « *fais-toi l'esclave de la philosophie et tu posséderas la vraie liberté.* » En effet, la philosophie n'ajourne pas celui qui s'y adonne, l'affranchissement est immédiat. Qui dit servitude philosophique dit précisément liberté. Ou alors « *celui-là trouve le plus de jouissance dans la richesse, qui s'en fait le moins possible un besoin.* » (*Romane ne suit plus les préceptes comme récités à une élève de manière didactique, attendant, en le montrant de plus en plus ostensiblement, qu'il cesse son développement*) En effet, qui a

besoin de richesses craint pour elles. Et comme nous le savons, d'un bien sans quiétude, l'homme ne peut en profiter, il est préoccupé d'arrondir son capital et oublie de l'utiliser. Nous avons, avec le courant d'Epicure, des constats en commun : « *l'acquisition des richesses est moins la fin des misères que leur changement.* » En effet, ce qui nous faisait paraître la pauvreté pénible nous rend les richesses aussi pesantes, le mal n'est pas dans les choses, il est dans l'âme.

Romane : - Vous et moi, ici, comment est-ce possible ?

Sénèque : - J'ai étudié tard durant la nuit, un rouleau de notre vénérable Zénon de Kition, et je me suis sereinement endormi. Vous m'avez alors appelé, je suis venu en toute confiance. Et avec plaisir.

Romane : - Mais comment vous ai-je appelé ? Presque 2000 ans séparent votre sommeil et cette chambre.

Sénèque : - Votre baguette est magique.

Romane : - Je sais... mais comment ?

Sénèque : - Le temps n'existe pas comme nous le concevons ordinairement. Ainsi vous pouvez vous positionner, disons observer, comme si vous étiez située à des années lumière de la terre et que votre regard soit plus rapide que la lumière.

Romane : - Mais... je ne vous vois pas agir, ce qui serait déjà exceptionnel, je vous parle, vous êtes là.

Sénèque : - Vous avez compris que 2000 ans,

ce n'est presque rien avec une baguette agissant comme un regard plus rapide que la lumière. La deuxième partie du raisonnement, sans vouloir douter de vos facultés de compréhension, elle vous sera plus difficilement compréhensible. Je l'ai vue maîtrisée, je m'en souviens à l'instant, quand un de vos descendants m'a appelé... Oh, dire que tout ce que j'ai vu durant mes précédents voyages, je l'ai oublié en me réveillant à Rome... Oh chère demoiselle, je vous aurai oublié au réveil mais me souviendrai de vous lors d'un prochain voyage...

Romane : - Vous voyagez souvent ?...

Sénèque : - J'ai une petite notoriété qui ne se dément pas au fil du temps. Mes nuits sont variées.

Romane : - Alors, je ne suis pas la seule à posséder une telle baguette.

Sénèque : - J'ignore combien de baguettes existent. Certaines furent détruites mais elles sont indestructibles, elles sont simplement disons perdues. J'ai déjà vu celle-là en tout cas.

Romane : - Vous avez connu ma grand-mère ?

Sénèque, *la regardant fixement* : - Les femmes que j'ai rencontrées ne sont pas dans votre mémoire présente.

Romane : - Vous voyez dans ma mémoire.

Sénèque : - Naturellement...

Romane : - Haa ! *(d'émerveillement)*

Sénèque : - La vie n'est pas ce que l'on nous fait croire.
Romane : - Mais avant... sinon je ne vais rien comprendre, pouvez-vous revenir à votre explication sur le pourquoi et comment je ne vous vois pas simplement agir dans un grand miroir mais je peux vous parler.
Sénèque : - Nous avons plusieurs niveaux de vie. La vie banale où nous laissons notre corps nous guider en pensant que nos idées le dirigent alors que c'est le contraire, et l'autre niveau de vie, c'est l'application de ce que j'ai toujours cru : la philosophie mène à la vraie vie, nous permet d'atteindre cette sagesse, et cette sagesse c'est la vie spirituelle dont les possibilités débordent tout ce que nous pouvons imaginer quand nous croyons simplement penser.
Romane : - J'ai des difficultés à suivre.
Sénèque : - Cette baguette vous permet d'accéder à un état de lucidité que seul le Sage peut atteindre sans une baguette.
Romane : - Pourquoi dois-je viser quelqu'un qui s'endort durant votre présence ?
Sénèque : - Le voyageur a besoin d'une force vitale pour accéder aux fonctions de paroles et aux gestes. Un jour, pour nos descendants lucides, ce ne sera plus nécessaire, ils offriront leur propre force en terre d'accueil.
Romane : - Mais comment puis-je vous parler, alors qu'excusez-moi de vous le rappeler, vous être mort depuis... si longtemps.
Sénèque : - Je suis mort, et de quelle

manière !, cela il vaut peut-être mieux que je ne m'en souvienne pas au réveil, je suis mort à un instant mais vous m'avez extrait de mon temps vivant.
Romane : - Alors l'âme existe !
Sénèque : - N'allez pas trop vite ! Ne passez pas d'un extrême à l'autre... Vous me voyez, vous me parlez mais je ne suis pas un citoyen de votre époque, je reste, profondément, viscéralement, Sénèque, né bien avant vous et définitivement mort à votre époque.
Romane : - Mais alors ?
Sénèque : - Vous êtes dans la vérité de la vie alors que moi, sauf à découvrir cette baguette, je ne pourrai que... disons « voyager dans le temps », uniquement quand ma notoriété aura parcouru disons encore « le temps », au point que les vôtres me pensiez détenteur de réponses essentielles. Comme quoi j'ai raison de travailler pour la postérité. Seule la postérité nous sauve.
Romane : - Je ne comprends pas tout.
Sénèque : - Vous approchez de la réalité de la vie alors que vos contemporains réagissent à l'agitation de mythes... certains de ces mythes sont nés d'une imagination de cette réalité, le plus souvent après quelques confidences, comme vous en avez confié une voici quelques instants à monsieur votre frère, qui parviendra difficilement à vous comprendre mais pourrait un jour être porté par l'imagination à créer un nouveau mythe.

Romane : - C'est mon frère... il va me croire et comprendre !

Sénèque : - N'en soyez pas aussi certaine. La vérité ne doit se confier qu'à ceux qui peuvent l'entendre. Il pensera que vous cherchez le Graal et avez la faiblesse de croire l'avoir trouvé en vous racontant une histoire de baguette magique, en prenant vos rêves pour la réalité par refus de la réalité.

Romane : - Et si je raconte tout, simplement comme c'est arrivé ?

Sénèque : - Vous pouvez essayer, mais j'ai bien peur que votre témoignage soit considéré comme une œuvre d'imagination.

Romane : - Et si je réalise une expérience devant une caméra ?

Sénèque : - Vous savez bien, ou plutôt vous ne savez pas encore, que vous seul me voyez et m'entendez.

Romane : - Ah ? C'est pour cela que l'idiot a cru que je parlais seul quand j'ai reçu Epicure.

Sénèque : - Même si nous avions 300 ou 1000 spectateurs, ils vous penseraient un peu folle et sujette à un délire.

Romane : - Alors, à quoi bon ?

Sénèque : - Essayez quand même... si vous en avez la force... votre époque est moins cruelle que la mienne... Si j'ai bien suivi mon avenir, la philosophie n'aura éloigné qu'un temps ce bon Néron de la barbarie de ses prédécesseurs, et il ajoutera le matricide et le quasi parricide aux méfaits des cruels Claude et Caligula.

Romane : - Mais si Claude ne vous avait pas exilé en Corse, vous n'auriez jamais écrit *la consolation à Marcia*, ni *la Colère*.
Sénèque : - Je dois toute ma renommée à mon théâtre.
Romane : - Et pourtant vous n'avez pas encore écrit vos œuvres majeures.
Sénèque : - Il est toujours surprenant de voir ce que l'on retient de vous. Mais comme Socrate, on m'accuse désormais de corrompre la jeunesse.
Romane : - Vous allez écrire *la vie heureuse*.
Sénèque : - Le souverain bien, c'est l'inflexibilité d'une âme que rien ne peut briser, sa prévoyance, sa sublimité, sa santé, sa liberté, sa concorde, sa beauté.
Romane : - Mon p'tit doigt me signale que subitement votre texte va changer de nature et vous allez vous en prendre aux délateurs qui accusent les philosophes de bafouer leurs doctrines, de professer la pauvreté tout en vivant dans le luxe.
Sénèque : - Vous croyez ? Je vais oser ?
Romane : - J'en suis même certaine !
Sénèque : - Moi aussi, à cet instant.
Romane : - Pourtant, maître : « *quel tort pourrait bien faire à un homme de bien les injustes propos dont on l'éclabousse ?* »

Sénèque : - Votre réflexion est très stoïcienne. De quel auteur ?
Romane : - Un certain Sénèque.

Sénèque : - Je vais donc l'écrire ! Ah si je

pouvais dès cet instant sortir des obligations de mon rang et me consacrer à la sagesse.

Romane : - Vous y parviendrez !

Sénèque : - Non, nous restons des humains dans notre époque. Votre époque est le paradis sur terre, comme je n'aurais jamais osé en rêver, votre souverain est parfait.

Romane : - Ce n'est pas ce que nous pensons. Les gens se sentent prisonniers, méprisés.

Sénèque : - Fouillez dans le cœur de ces gens qui gémissent sur le sort qu'ils ont désiré, qui parlent de fuir ce dont ils ne peuvent se passer. La servitude ne retient que peu d'hommes, il en est plus qui retiennent leur servitude. Vous n'avez pas connu Claude, Caligula... et Néron... Vous avez la chance de pouvoir vivre libre sans être happé par la chose publique.

Romane : - Et pourtant la pauvreté augmente.

Sénèque : - Faire bon ménage avec la pauvreté, c'est être riche. Le confort même de votre classe moyenne dépasse tout ce que je peux espérer même en possédant votre Egypte et votre Angleterre. Notre opulence déjà exceptionnelle par rapport à nos ancêtres, est infime par rapport à la vôtre.

Romane : - Et pourtant, il y a plus de sagesse dans vos entretiens que dans les milliers de livres publiés par nos pseudos philosophes.

Sénèque : - Les siècles ont fait le tri. Vous regrettez de ne pas pouvoir lire l'ensemble de mes écrits mais les siècles vous ont épargné les quatre mille volumes du pitoyable grammairien Didyme.

Romane : - J'ai bien aimé votre commentaire : « *Je le plaindrais même s'il n'avait fait que lire un pareil ramassis d'inutilités.* »

Sénèque : - Je fais ce que je peux dans une époque cruelle.

Romane : - Et nous oublions notre chance. Nous perdons notre temps.

Sénèque : - Seul le temps nous appartient. Si vous ne deviez retenir qu'une chose de notre entrevue... Vous pouvez vous consacrer à l'étude, alors que pour conseiller le prince, j'ai dû y renoncer.

Romane : - Mais pourquoi n'êtes-vous pas resté tranquillement dans votre exil en Corse ?

Sénèque : - Croyez-moi, cette terre est inhospitalière, peuplée de barbares. Et on m'a rappelé à Rome pour veiller à l'éducation de Néron.

Romane : - Vous n'exagérez pas un peu sur la Corse ? Et vous l'avez un peu réclamé, ce retour...

Sénèque : - Si vous connaissiez Rome et la Corse de mon époque, vous seriez du même avis. Quant à mon retour... il faut croire que même un stoïcien qui fut toujours conscient d'avoir encore un long chemin avant de parvenir à la Sagesse, même un apprenti stoïcien... laisse passer son devoir de participer aux affaires publiques avant son bien personnel. Quant au sujet de votre... « nation », je vous avoue ma préférence pour Arles.

Romane : - Madame Sénèque.

Sénèque : - Appelez-la Pauline... nous croyons la mort redoutable et les femmes désirables... c'est pourquoi il faut consacrer à vivre tout le temps que l'on vit... les stoïciens ont toujours reconnu que le Sage, qui est le but de nos efforts et la raison de notre philosophie, le Sage n'a peut-être jamais existé. (*en souriant :*) La guérison mentale est le grand but du stoïcien. Même à Zénon, Cléanthe et Chrysippe, il a manqué votre baguette de Sagesse.

Romane : - Mais comment accepter de mourir ! Qui plus est quand on sait ce que je viens de découvrir !

Sénèque : - Nous avons reçu la vie à condition de mourir. Refuser de mourir, c'est ne pas avoir accepté de vivre. Qui plus est, redouter quelque chose qui n'existera pas pour nous est aussi absurde que de redouter un mal qu'on ne sentira pas. Rassurez-vous, la mort rend insensible. Qu'elle soit une fin ou un passage, nous n'avons rien à craindre.

Romane : - Mais le temps passe si vite. Comment ne pas rater sa vie ?

Sénèque : - « *Une journée de l'être éclairé*, dit Posidonius, *a plus d'étendue que la vie, si longue soit-elle, de l'ignorant.* » Quant à moi, je vous ajoute : la base de la sagesse, c'est de ne pas mettre sa joie dans les choses vaines.

Silence

Romane : - Sénèque ? Sénèque ? Ça va ?
Sénèque : - Vous avez le matériel, dans une époque de toutes les facilités, pour atteindre la sagesse... sachez vous pénétrer, vous nourrir des auteurs essentiels... ne butinez pas trop... sachez vous rendre de jour en jour meilleure, par la méditation, avancez vers la Sagesse... Etudiez, non pour savoir davantage mais pour mieux savoir... Paulina m'appelle...

Sénèque s'effondre derrière le canapé.

Rideau

Acte 3

Suite : Kevin réapparaît derrière le canapé tandis que sa sœur reste les yeux écarquillés, se retenant de pleurer la disparition de Sénèque.

Kevin : - Je crois que j'ai fait un malaise.
Romane : - Pardonne-moi.
Kevin : - Te pardonner ? Ah, je me sens déjà beaucoup mieux, comme si je me réveillais. Pourquoi te pardonner ?
Romane : - D'avoir voulu te montrer que cette baguette est bien magique.
Kevin : - Tu ne m'a rien montré ! Je te disais justement que je n'y croyais pas à ton délire de mémé. Et là tu as dis un nom bizarre... et je me suis... comme endormi.
Romane : - Un nom bizarre ?
Kevin : - Oui, un nom que je t'ai déjà entendu prononcer. Ce ne serait pas un de tes philosophes préférés ?

    Romane prend le livre sur la table et le lui tend.

Kevin : - Sénèque, oui... (*l'ouvrant*) je ne comprends pas comment tu arrives à lire des gros livres comme ça. En plus, c'est écrit en hyper minuscules (*il le repose*).
Romane : - Pauvre Sénèque, il se lève, il ne sait déjà plus ce qui l'attend... Tu sais que Néron va devenir pire que Caligula !
Kevin : - Caligula, celui du film ?

Romane : - Ils ont fait des films sur lui, l'empereur sanguinaire.

Kevin : - Quel rapport avec ton Sénèque.

Romane : - Il est retourné écrire *la vie heureuse*, il va se défendre contre la calomnie... il lui reste encore une œuvre à écrire, malheureusement seulement 124 de ses lettres à Lucilius vont nous parvenir, les autres sont perdues.

Kevin : - Tu parles comme si vous étiez potes et que tu venais de passer une heure au bistrot avec lui.

Romane : - C'est possible pour toi de comprendre que tu n'as pas eu un malaise ?

Kevin : - Ah oui, j'ai eu un malaise, j'avais presque déjà oublié, n'en parle pas à maman, elle va vouloir me faire faire des examens, elle va encore dire que je fais trop de sport.

Romane : - Et durant ce temps, est-ce que tu ne m'aurais pas entendu parler ? Parler comme si je dialoguais avec quelqu'un que tu n'entendais pas ?

Kevin : - J'ai l'impression de m'être endormi, oui, j'ai rêvé que tu blablatais, développais tes théories philosophiques comme tu le fais à chaque fois que tu daignes venir partager un repas avec ta famille d'ignares, comme dirait père.

Romane : - Tu m'entendais parler avec Sénèque.

Kevin, *en souriant :* - Le copain de Caligula ?

Romane : - Kevin, si tu te moques de moi, tu ne comprendras jamais ce que je te raconte.

Kevin : - Essayer de te comprendre, c'est comme essayer de changer Johnny Hallyday... je ne te rappelle pas de qui est cette belle phrase, un aphrodisme comme tu dis.
Romane : - Aphorisme.
Kevin : - Alors, on va le faire, ce tennis ?
Romane : - J'essaye de t'expliquer que ma baguette magique t'a transformé en Sénèque, que j'ai eu le privilège de parler avec le plus grand philosophe stoïcien et tu me réponds « on va faire un tennis ? »
Kevin : - J'aurais dû le croiser ton Sénèque, il aurait peut-être voulu que je lui apprenne à jouer au tennis. Parce que je ne suis pas aussi ignare que tu crois, le mot tennis date de 1880. Tu le savais ?
Romane : - Je croyais 1879 !
Kevin : - En tout cas, ton Sénèque, je lui aurais mis 6-0, 6-0, je crois. Parce qu'il devait plus être tout jeune.
Romane : - Alors il avait raison.
Kevin : - Quoi, il avait raison ?
Romane : - Il m'a souhaité bon courage. Personne ne peut me croire.

Kevin : - Mais si, tu cherches ton Graal, et tu crois l'avoir trouvé en te racontant cette histoire de baguette magique. Tu prends tes rêves pour la réalité, parce que tu refuses la réalité.
Romane : - Kevin, tu as déjà entendu quelque part cette phrase ?
Kevin : - Je suis quand même capable de

prononcer deux phrases sans les réciter. Faut quand même pas me prendre pour un con.
Romane : - Kevin, presque mot pour mot, Sénèque m'a prétendu que tu en conclurais cela !
Kevin : - Tu aurais dû lui demander le tirage du loto !
Romane : - Le mot Graal, ce n'est pas ton vocabulaire.
Kevin : - Si tu avais regardé la télé hier soir, tu le connaîtrais !
Romane : - Je le connais mais toi, c'est la première fois que je t'entends le prononcer.
Kevin : - Bin oui, contrairement à ce que croit l'intellectuelle de la famille, la télé cultive ! Ou alors tu vas me dire que comme Sénèque, j'ai regardé la télé hier soir et que lui comme moi on est victime du matraquage de cette télé que tu détestes !
Romane, *s'asseyant, effondrée, proche des larmes* : - Kevin, si tu ne m'aides pas, je crois que je vais devenir folle.
Kevin, *se rapproche, d'abord touché* : - Qu'est-ce que t'as ma grande sœur ?
Romane : - Y'a que mémé m'a donné cette baguette magique alors que j'avais huit ans, en me précisant de ne pas l'utiliser avant mes vingt ans. Et j'ai vingt ans. Et cette baguette est vraiment magique. Tu ne sais pas ce que c'est de dire Sénèque et de le voir apparaître à ta place.
Kevin : - C'est vrai que ça doit faire un drôle d'effet.

Romane : - Kevin, pourquoi je te mentirais ?
Kevin : - Tout à l'heure j'aurais dit pour ne pas venir faire un tennis... mais là je vois bien que tu es vraiment mal.
Romane : - Que vais-je devenir ?
Kevin : - C'est peut-être vrai ce que dit maman.
Romane : - Quoi ?
Kevin : - Non... rien...
Romane : - Allez, vas-y, je sais bien que ce n'est pas de toi...
Kevin : - Que mémé, en plus de t'avoir donné un appart, elle t'a aussi donné son grain. Non, je me plains pas, j'ai eu son livret de caisse d'Epargne...
Romane : - Que vais-je devenir ?
Kevin : - Tu veux que je la jette, ta baguette ? Comme ça, plus de baguette, plus de revenants, tu me donnes ta baguette et je te donne une raquette, et on va se faire un tennis, et ça te passera ces trucs, tu verras, j'ai encore progressé. Alors, je te la casse en dix morceaux, cette baguette ?
Romane : - Tu crois que c'est la meilleure solution ?
Kevin : - Et si je gagne, tu me payes un flunch !
Romane : - Détruire cette baguette magique ?
Kevin : - Elle te perturbe trop, elle t'empêche de vivre.
Romane : - Elle m'empêche de vivre ?
Kevin : - Tu vois, t'as même pas de télé et tu veux jamais faire un tennis.

Romane : - Télé, tennis... C'est ça la vie ?
Kevin : - Toi qui parles toujours d'équilibre, prends un miroir et regarde qui a l'air le plus équilibré ici.
Romane : - Un miroir... regarder...

> *Romane se lève, s'avance... vers la baguette magique... la prend... reste un moment retournée...*

Kevin : - Allez, je te la casse, je la vire au vide-ordure et on va faire un tennis...

> *Romane se retourne, la tend vers son frère.*

Romane : - Socrate !

> *Kevin s'effondre. Le rideau se baisse.*

FIN

> *Vous souhaitez jouer cette pièce ? Il vous suffit de contacter Stéphane Ternoise sur http://www.theatre.st ou http://www.ternoise.fr*

Stéphane Ternoise

Stéphane Ternoise est né en 1968. Il publie depuis 1991. Il est depuis son premier livre éditeur indépendant.

Dès 2004, il a proposé des livres numériques, en PDF. Mais c'est en 2011 seulement que les ventes dématérialisées ont démarré. Son catalogue numérique (depuis mi 2011 distribué par Immateriel) a ainsi rapidement dépassé celui du papier, grâce à des essais, des livres de photos... tout en continuant la lente écriture dans les domaines du théâtre et du roman. Depuis octobre 2013, et son « identifiant fiscal aux États-Unis », son catalogue papier tend à rattraper celui en pixels.
http://www.livrepapier.com ou
http://www.livrepixels.com

Il convient donc, de nouveau, d'aborder l'auteur sous le biais de l'œuvre. Ainsi, pour vous y retrouver, http://www.ecrivain.pro essaye de fournir une vue globale. Et chaque domaine bénéficie de sites au nom approprié :
http://www.romancier.net
http://www.dramaturge.net
http://www.essayiste.net

http://www.lotois.fr

Catalogue (le plus souvent en papier et numérique, parfois uniquement les pixels, le travail de mise en page papier demandant plus de temps que d'heures disponibles)

Romans : (http://www.romancier.net)
Le Roman de la révolution numérique.
Ils ne sont pas intervenus (le livre des conséquences) également en version numérique sous le titre *Peut-être un roman autobiographique*
La Faute à Souchon ? également sous le titre **Le roman du show-biz et de la sagesse (Même les dolmens se brisent)**
Liberté, j'ignorais tant de Toi également sous le titre *Libertés d'avant l'an 2000)*
Viré, viré, viré, même viré du Rmi
Quand les familles sans toit sont entrées dans les maisons fermées

Théâtre : (http://www.theatre.wf)
Théâtre pour femmes
Théâtre peut-être complet
La baguette magique et les philosophes
Quatre ou cinq femmes attendent la star
Avant les élections présidentielles
Les secrets de maître Pierre, notaire de campagne
Deux sœurs et un contrôle fiscal
Ça magouille aux assurances
Pourquoi est-il venu ?
Amour, sud et chansons
Blaise Pascal serait webmaster
Aventures d'écrivains régionaux
Trois femmes et un amour
La fille aux 200 doudous et autres pièces de théâtre pour enfants
« Révélations » sur « les apparitions d'Astaffort »

Photos : (http://www.france.wf)
Montcuq, le village lotois
Cahors, des pierres et des hommes. Photos et commentaires
Limogne-en-Quercy Calvignac la route des dolmens et gariottes
Saint-Cirq-Lapopie, le plus beau village de France ?
Saillac village du Lot
Limogne-en-Quercy cinq monuments historiques cinq dolmens
Beauregard, Dolmens Gariottes Château de Marsa et autres merveilles lotoises
Villeneuve-sur-Lot, des monuments historiques, un salon du livre... -Photos, histoires et opinions
Henri Martin du musée Henri-Martin de Cahors - Avec visite de Labastide-du-Vert et Saint-Cirq-Lapopie sur les traces du peintre
L'église romane de Rouillac à Montcuq et sa voisine oubliée, à découvrir - Les fresques de Rouillac, Touffailles et Saint-Félix

Livres d'artiste (http://www.quercy.pro)
Quercy : l'harmonie du hasard
Lot, livre d'art
Jésus, du Quercy
Les pommes de décembre
La beauté des éoliennes

Essais : (http://www.essayiste.net)
Le manifeste de l'auto-édition - Manifeste politico-littéraire pour la reconnaissance des écrivains indépendants et une saine concurrence entre les différentes formes d'édition
Écrivains, réveillez-vous

Le livre numérique, fils de l'auto-édition
Aurélie Filippetti, Antoine Gallimard et les subventions contre l'auto-édition - Les coulisses de l'édition française révélées aux lectrices, lecteurs et jeunes écrivains
Réponses à monsieur Frédéric Beigbeder au sujet du Livre Numérique (Écrivains= moutons tondus ?)
Comment devenir écrivain ? Être écrivain ? (Écrire est-ce un vrai métier ? Une vocation ? Quelle formation ?...)
Amour - état du sentiment et perspectives

Le guide de l'auto-édition numérique en France (Publier et vendre des ebooks en autopublication)
Copie privée, droit de prêt en bibliothèque : vous payez, nous ne touchons pas un centime - Quand la France organise la marginalisation des écrivains indépendants

Chansons : (http://www.parolier.info)
Chansons trop éloignées des normes industrielles
Chansons vertes et autres textes engagés
Chansons d'avant l'an 2000
Parodies de chansons - De Renaud à Cabrel En passant par Cloclo et Jacques Brel

En chti : (http://www.chti.es)
Canchons et cafougnettes (Ternoise chti)
Elle tiote aux deux chints doudous (théâtre)

Politique : (http://www.commentaire.info)
Ce François Hollande qui peut encore gagner le 6 mai 2012 ne le mérite pas
Nicolas Sarkozy : sketchs et Parodies de chansons

Bernadette et Jacques Chirac vus du Lot - Chansons théâtre textes lotois
Affaire Ségolène Royal - Olivier Falorni Ce qu'il faut en retenir pour l'Histoire - Un écrivain engagé, un observateur indépendant
François Fillon, persuadé qu'il aurait battu François Hollande en 2012, qu'il le battra en 2017

Notre vie (http://www.morts.info)
La trahison des morts : les concessions à perpétuité discrètement récupérées - Cahors, à l'ombre des remparts médiévaux, les vieux morts doivent laisser la place aux jeunes...
Cahors : Adèle et Marie Borie contre Jean-Marc Vayssouze-Faure - Appel à une mobilisation locale et nationale pour sauver les soeurs Borie...

Jeux de société
http://www.lejeudespistescyclables.com
La France des pistes cyclables - Fabriquer un jeu de société pour enfants de 8 à 108 ans
Le bon chemin pour Saint-Jacques-de-Compostelle

Autres :
La disparition du père Noël et autres contes
J'écris aussi des sketchs
Vive les poules municipales... et les poulets municipaux - Réduire le volume des déchets alimentaires et manger des oeufs de qualité

Œuvres traduites :
La fille aux 200 doudous :
- *The Teddy (Bear) Whisperer* (Kate-Marie Glover)
- Das Mädchen mit den 200 Schmusetieren (Jeanne Meurtin)

- Le lion l'autruche et le renard :
- How the fox got his cunning (Kate-Marie Glover)

- Mertilou prépare l'été :
- The Blackbird's Secret (Kate-Marie Glover)

- *La fille aux 200 doudous et autres pièces de théâtre pour enfants (les 6 pièces)*
- La niña de los 200 peluches y otras obras de teatro para niños (María del Carmen Pulido Cortijo)

Table

La baguette magique et les philosophes

9

Version 1 avec deux femmes et trois hommes

49

version 2 avec une femme et quatre hommes

89

Stéphane Ternoise catalogue

Mentions légales

Tous droits de traduction, de reproduction, d'utilisation, d'interprétation et d'adaptation réservés pour tous pays, pour toutes planètes, pour tous univers.

Vous souhaitez jouer une pièce de l'auteur ?
http://www.ternoise.fr

Les images de la couverture, sont « naturellement » : une baguette magique, Epicure et Sénèque.

Dépôt légal à la publication au format ebook du 10 mai 2011.

Imprimé par CreateSpace, An Amazon.com Company pour le compte de l'auteur-éditeur indépendant.
livrepapier.com

EAN 9782365415415
ISBN 978-2-36541-541-5
La baguette magique et les philosophes (Epicure et Sénèque au théâtre) de Stéphane Ternoise
© Jean-Luc PETIT - BP 17 - 46800 Montcuq France

www.ingramcontent.com/pod-product-compliance
Lightning Source LLC
Chambersburg PA
CBHW060208050426
42446CB00013B/3025